中学校国語科教育の実践像

加留部 謹一
〔著〕

溪水社

序

加留部氏との出会いは鮮烈な印象の中にある。一九六九年八月下旬の英彦山の会（北九州国語教育研究会）の、緑に包まれた合宿であった。話し言葉の教育について車座になって話し合っていた時、加留部さんは、「低い声で聞かせられないことは、大きな声でも聞かせられない。」とぽつりと言われた。前後の文脈は忘れてしまったが、この一言は今も私の耳に響いている。短く放たれる加留部氏の言葉は、時にアフォリズムに似て時空を超えて効いてくる味わいがある。

加留部さんは、じっくりと話を聞き、的確に簡潔な言葉で捉えることに巧みである。作文教育について論じあっている時、「それは、要するに生徒に課題化させることですね。」とまとめてくれたことがあった。作文指導において、生徒に課題を与えるだけでは不十分で、生徒が課題を自分のこととして受け止めるように導かなければならない、という意味が込められていた。それから私たちの間では「課題化する」という言葉が頻繁に使われるようになった。

氏の国語科教育の実践的研究者としての成長を支えたものに四つの場がある。それは福岡教育大学の国語科研究室と附属学校との共同研究会、北九州市内の中学校教師で作っていたサークル愛語の会、附属小倉中学校の校内研究会である。そしてもっとも教師としての自己を鍛えた場は、言うまでもなく教室である。それぞれの場で学んだことのほとんどは本書に結実している。求めてそれらの場を生かし得たことは、氏にとって幸せであった。

本書は氏の中学校における実践研究の結晶である。三つのことがその核心にある、と私には思われる。

一つは、「学び方を教える」というメタ学習への関心である。ことばの学習は生涯続くものであり、その学習量にかぎりはない。学校教育で教えられるものはその一部に過ぎない。「語い」にしても「読み方」にしてもその「学び方」を自覚させ、身につけさせることが大切である。本書の冒頭の章のサブタイトルが「国語の学習を学習する」と名づけられていることの意の深さに心を留めておきたい。第Ⅳ章その他の至る所に「学び方」を学ばせることへの配慮が見られる。

二つは、学習者の一人ひとりを見つめその実態から出発しようとする姿勢である。本書に報告されている実践のほとんどは、生徒の意識や関心及び学力の実態調査から記述されている。「聞くことの意識」・「読みの反応の諸相」などをつぶさに捉えるところから授業が始まっているのである。「まず、学習者ありき」である。学習者の重視から新教育は始まるのである。そのことが身体化しているところに、氏の教師としての真骨頂がある。本書では、「学習者の反応を生かす」授業が組まれ、学習者の問いを集約して課題を構成している。ある生徒の疑問に応えるために作品を何度も読み返し、「九段の靖国神社」に出かけたりもしている。

三つは、学習指導技術開発への意欲である。「学び方を学ばせる工夫」から生まれた方法が、氏における「技術」である。「暗唱・音読」・「創造的反応の反響板」・「重ね読み」・「比べ読み」・「三作品の文学教育」などの、技術としての結実は日々の教室における工夫から生まれている。読者は、本書において「気づかせる」「わからせる」「工夫」「技術」という語がどこでどのように使われているか、調べてみるのも一興であろう。そこに実践的研究者の伝達可能な「方法」への強い探求意欲を読み取ることができる。

本書には、国語科教師としての加留部氏の一九七一～一九九四年に亘るおよそ二十年間の実践が報告されている。一九七一年は中央教育審議会によって「生涯教育」が提唱された年であり、能力主義の教育を経て、一九八九年には「新しい学力観」が提起された。その間に、日教組と文部省によるイデオロギーによる教育実践上の対立は解消・霧散した。自立した個人または同行のグループによる教育実践がしだいに教育現場をリードするようになっていった。加留部氏の実践的研究は、この歴史のうねりの中における「自立した個人の、または同好のグループによる教育実践研究」の典型である。歴史の大状況及び中状況としての国語教育史と重ねてみると、加留部実践の意義が見えてくる。「学習者から発想する」授業観は普遍的なものであり、読者論的な発想に立つ「読むことの学習指導の試み」は、流行の先端を切り開こうとするものであった。このような観点から、私は、幾たびも本書をひもとくことであろう。

神田川のほとり、関口芭蕉庵を眺めながらこれを記す。

二〇〇五年十二月十五日

早稲田大学教育学部教授　浜本純逸

前書き

国語科教育は「言語の教育」である。言語は思想でもなく、芸術でもない。言語はそれ自体の機能を有し、モノやコトを創り出す機能をもっている。その力が教育である。

国語科教育は、その言語機能を生かす働きであり、児童生徒が言語を自らの人格形成に向けて、主体化していくようにすることである。指導に当たっては、児童生徒が学習の主体者として言語文化に触れ、言語に目覚め、言語生活を豊かにしていく言語感覚を養い、表現力や理解力を高め、国語を尊重していく態度を育てることである。

実は、こうした国語科教育の基本的な考えを自分なりに確立するまでの過程が、私の三十有余年の国語科教育実践である。

思うに、私の国語への興味・関心の原点は、祖母の昔語りを寝床の中で耳にしたことに始まる。毎夜、語りの言葉が心の中に一つの世界を作り、物語の中に生きる自分になることを待っていた。ストーリーが分かっていてもその言葉が出てくると、その興奮の中の自分になる、そんなときめきを満たしていたのである。

語りの中で、「母親に化けた山姥がまんまと留守番の幼い兄弟をだまして家に入ってくる。赤子におっぱいを上げると言って、部屋に入った母親の様子を隣の部屋でうかがっていると、いつもと違って、ポキリ、ポキリと音が聞こえてくる。」という場面になると、山姥が赤子の指を一つ一つ折り取って食べている恐ろしい姿が思い浮かぶ。そこでは食べている音は全く語られていなかったが、これはしたりとばかり、山姥がほくそ笑みながら赤子の指を折り取っては食べている歯の音が響いてくる。夜更けの一軒家の緊張した場面の擬音語が創造力を喚起し、ありありと物語の世界に連れ込む。

こうした語りのすごみ、言葉の威力におののいた幼児期が私の言葉への感化力の基になっている。言葉自体に力がある。幼児体験が原点となって、言葉の力が、指導の手立てを踏むことによって、学習者が受け止めている以上に学習者に働きかけてくるようにすることが国語科教師の使命であると考えている。これは、「言葉で考える。言葉で伝える。言葉で知る。言葉で創る。」言葉の機能を正確、適切、的確に身につけるのみならず、言葉を考える言葉を持たせることによって可能となる。

つまり、国語科教師は、言葉を使える力と言葉を考える力をつけることによって、初めて「言語の教育」として国語科教育の使命を果たすことができる。これが私の長年月の国語科教師としての実践からの結論である。実は、こうした考えの原点を形成したのは福岡教育大学附属小倉中学校教官の時代であり、なかんずく国語教育研究サークル「愛語の会」の月一回の例会及び定期的な「愛語」の発刊を通してである。こうして、最終的には、国語科教育の真義は、言葉をとらえる言葉を獲得させることにあると考えている。

かかる経緯から、言葉を使える力と言葉を考える力をつける私の実践論稿の中から抽出して、ジャンル別にまとめ、「中学校国語科教育の実践像」として世に問うことにした。出版に当たって、福岡教育大学・附属中学校共同研究の折、大学の立場から幅広い知見を踏まえて国語教育の理論と実践の指導を賜った現早稲田大学教育学部教授浜本純逸先生に序文をいただき、まことに光栄で心から感謝申し上げる。

各章とも「言語の教育」としての実践が十分とは言いがたい思いが残っているが、少しでも私の国語科教師としての国語教育にかける思いを汲み取っていただき、忌憚のない御叱責を賜りたい。

平成十七（二〇〇五）年十二月二十日

加留部　謹一

目次

中学校国語科教育の実践像

I 国語科教師の仕事

——国語の学習を学習する

対話

一　国語教育に携わっていて

「先生、国語の勉強どうしたらいいんね。さっぱりわからんちゃ。」

と言って、とびこんでくる生徒はまだしも、そうした言動さえ示さない学力遅進生をどう導くかが悩みとしていつもつきまとう。

しかし、この悩みも教育の場における、むしろ教育の熱情をかりたてる起点であって、だからこそ教育が必要なのだという新たな決意を己に向けながら教室におもむく。

どのように授業を展開するか、日ごろ発言しない生徒をどのように発言にしむけるか。学習課題はどうするか、どのようにして質問をさせるか、主体性のある積極的な学習態度をどのように身につけさせるか。

そうしたことからノートのとり方はどうさせるか、話し合いはどうさせるか、教材の本文にどのようにくっつかせるか、さらには国語に対する興味、関心をどのようにして起こさせるか。

考えれば、可能性を引き出し、力をつけさせるに当たって遅進生を考慮した学習指導はたいへんと言えば、これほどたいへんなことはない。しかし、また、これほどやりがいのあることはない。以下、遅進生の一人一人に国語の学習を学習する対話を行った記録を三例紹介する。

二　国語の学習を学習する

①の場合

「君は、国語的感覚を十分持ち合わせていると思うのだが、どうかね。」

「はあ、本を読むのはきらいじゃありません。」

「うん、本を読むという活動はたいへんな学習だよな。ところで、最近どんな本を読んだ。」

「推理小説ぐらいです。」

「それも、大切な読書体験だよな。それでストーリーは覚えているかね。」

「はっきり覚えていません。」

「そうだよな。覚えるために読んでいるんじゃないからね。じゃ、図書館の本は何冊くらい読んだ。」

「二冊ぐらいです。」

「何という書名の本。できたら作者名も覚えていたら教えてほしいんだけど。」

「『青春の蹉跌』という書物で、石川達三の作品だったと思います。それから、柴田翔の『贈る言葉』という作品かな。」

「ほう、どちらも小説だね。」

「どんな内容だった。」

「『青春の蹉跌』は、ある法学生が殺人をして将来を破壊してしまう内容の作品で、『贈る言葉』は、純粋な青春の生があえなくくずれ去っていく内容の作品だったと思います。」

「そんな読み方ができているなんて、君、相当読書力があるよ。」

「ストーリーの展開や考え方がおもしろくて妙に印象に残っています。」

「誰からすすめられて読んだの。」

「友人から紹介されて読みました。」

「うん、そうか。それで、そうした読書もたいへんな国語の学習なんだよ。授業のことを思い出してごらん。この間、井伏鱒二の『山椒魚』(昭和五十三年版 光村図書 中等新国語三)という作品を読んだね。どんな学習をやりながら、読み深めていったか思い出してごらん。」

「ウーン、まず新出漢字の読み、難語句の意味。」

「班ごとに辞書を使って調べたね。一人で学習する場合と違って、楽しく、しかも、能率的にできたろう。」

「やはり、みんなでやると楽しい。」

「では、それから、どうした。」

「ええと、場面割りしたかな。」

「そう。でも、あの作品は初めから場面割りしてあったよ。」

「そうそう、作者の意図を考えるという学習目標を立てて、その観点から感想文を書きました。」

「そうだね。学習の初めにちゃんと学習目標を立てていたね。それから……。」

「感想文の中から『自由』だとか『人間諷刺』という言葉を見出して、はたしてそういうことが作者の意図として読めるかどうかみんなの課題にしたいと思います。」

「そうだよ。よいところに気づいた。それから。」

「それから、それは、設定された『山椒魚』の心情を追うことによって読み取ることができるのではないかと学習は発展したと思います。」

「そう、そう、よく思い出した。その次やった学習のポイントは思い出せるかな。」

「なんでも、『山椒魚』の心情の転機は、事件にあるだろうということで、『ある夜』えびが岩屋に紛れこんだ事件と、『ある日のこと』かえるが岩屋に紛れこんだ事件の二つを中心にして、それまでの『山椒魚』の心情とどのように変わっているかを読み解いていったと思います。」

「ところで、どんな言葉を問題にしたか思い出してごらん。（と言って、教科書を開いて示させる。）」

「いろいろ、比喩表現や『山椒魚』の気持ちを問題にしたことは思い出すのですが、次のところは、よく覚えています。『岩屋の外の光景をながめることを好んだ』『山椒魚』がえびが紛れこんだのち、『山椒魚はこれら（水すましやかえる）の活発な動作と光景とを感動のひとみでながめていたが、やがて彼は、自分を感動させるものからむしろ目を避けたほうがいいということに気がついた』のはどうしてか。というところと、『一ぴきのかえるを外に出ることができないようにした。……山椒魚は、相手の動物を自分と同じ状態に置くことができるのが痛快であった』のはどうしてか。それから、『それでは、もうだめなようか。』『もうだめなようだ。』『おまえは今、どういうことを考えているようなのだろうか。』の『よう』に『山椒魚』や『かえる』のどんな気持ちがこめられているか。そして、最後にかえるが『今でも別に、おまえのことをおこってはいないんだ。』と言っているが、『今でも』というのは『前から』ということでその表現が『山椒魚』にどんな気持ちを起こさせたかなど考えた記憶が残っています。」

「ウン、よく思い出したね。問題は、そうした『山椒魚』を書いた作者の意図だね。そこで、どうした。」

「もう一度、最初の作者の意図を考えるという作文、代表のもの九名を使って、作者の意図を考えたと思います。」

「その時、どんな意見が多く出たか思い出せるかな。」

「なんでも、『人間のみじめな姿を非人間的な醜性な魚の姿に変身させ、人間諷刺をねらっているということ』と、『自由をうばわれた山椒魚のみじめな姿を書くことによって、逆に自由の尊さ、自由のすばらしさを表現しようとしているということ』が多くあったと思います。」

「人によっては、作品の成立年代を作者の考え方、当時の社会情勢を問題にして意見を出した人もいたね。」

「はあ、あったと思います。」

「今、先生は、学習のことを君と話しながらもう一度学習してみたのだが、日ごろ君はそんなことをやっているかね。」

「いえ、まったく。」

「しかし、今、話しながら『山椒魚』という作品を授業でどのように読んだか、読み方に気がついたのではないかね。学習で大事なことは、毎時間の授業がどのようにしくまれているか。それは前時とどうかかわっているのか、頭の中で関係づけながら総合していくことが大切なんだよ。それから、君が読んだという『青春の蹉跌』という作品と『贈る言葉』とは、どういう共通性があり、また、違いがあるか考えることも、大切な学習だと思うし、学校で学習した『山椒魚』とも含めて、自分がどういう文学体験をしたかを考え直してみること。さらに、自分のものの見方考え方にそれがどのような広がりを与えたかを考えてみることは大事な国語の学習だと思うよ。要は、国語の学習とは、どういう内容の学習を今やっているのか、内容の切れ目を考えていくことだよ。それも、言葉へのちょっとした注意だから、そこからいろいろ今まで気づかなかったことに気づき、さらに、今までとは違った新しいものの見方や考え方ができて、学習課題意識は言うに及ばず、豊かな生活ができるようになると思うがね。」

「なんとなく国語の学習がわかったような気がします。こんどから学習を大事にして頑張ってみたいと思います。」

②の場合

「君は国語に関心を持っていると思うが、どうかね。」

「はあ、関心は持っていても、国語は苦手で、ずっと嫌いです。」

「小学校の時から。」

「そうです。」

「どうしてだと思う。考えたことあるだろう。」

「本を読むことは嫌いだし、いろいろな考え方があって答えは一つではないし、なんとなく考えることがおっくうだから。」

「そうか、しかし、本を読むのが嫌いだとか、考えるのがおっくうだというのは、態度、心がけの問題もあるが、食わず嫌いだと思うよ。それは君の甘えだよ。そういう面では、君にとって、国語は最も勉強の対象になる教科だと思う。好き嫌いで自分の判断を下してしまってごらん、どうなると思う。それは感情処理だよ。つまり、目の前にどんな価値があるものがあっても、好き嫌いという感情で自分を縛っているから、結局、感情以外ではものが見えないということになりはしないかね。先生はね、むしろ君たちが求めようとしないもの、もっと極端に言えば、君たちが嫌いなものを与えていく仕事をしているとも言えるよ。だって、それこそその人にとって最も可能性を拓く対象になるからだよ。つまりね、君たちが避けて通ろうとするものを与えて、その中にはこんな意味なり、価値なりがあるということに気づかせる役目を持っているのだよ。だから、君たちが要求するものだけは与えない。人間として生きるうえで学ぶ価値のあるものを与えていこうとしているのだよ。もともと勉強というものはそんなものだよ。ところで、君は、今まで勉強ということはどんなことだと受けとめてきたかね。ちょっと聞かしてほしいな。」

「国語や数学や英語や……を学習して、立派な社会人になることです。」

「なるほど、そうかね。確かに方法や目的はそうかもしれない。では、『立派な社会人』とはどんな人のことかね。」

「人々のためになって、平和のためにつくす人です。」

「そう、勉強の目的は君がいうようなことかもしれない。しかし、それをつねに意識して毎日勉強しているかどうかは疑問だが、実は、勉強と学習というのは、違うのだよ。よく商人の方が『この品物は百円だけど、八十円に勉強しときます。』という言葉を聞いたことがあるだろう。あれだよ、勉強とは。百円を八十円にする。商人にとって、八十円にしたくないところを八十円にする。つまり、したくないことをするんだよ。勉強は『勉メ強ク』と書いてあるだろう。一方、学習は『学ビ習ウ』こと。つまり、先生を『まねて』、ひなが親鳥の飛び方を何度も羽を広げてならうように『ならう』ということなんだよ。そのように勉強と学習とは、もともと意味が違うのだよ。しかし、現実には、学習における勉強が求められているのだよ。こう考えてくると、君にとって、国語は最も勉強しなければならない教科になるね。しかも、君が国語を学習し、勉強することは、君が言う『立派な社会人』にもつながっていくと思うがどうかね。人間はね最も自分が嫌いとするものに立ち向かったとき、最も多くを学んでいるものなんだよ。君のように可能性に富んでいる者は、むしろ、イヤなもの、嫌いなもの、苦痛なもの、困難なものに積極的に立ち向かう勇気がほしいな。お互い、ぼくたちは知らないことが多すぎる。そのために、社会に出て何か困難なことに出会うと、人は一度ならず、あの時もっと勉強しておけばよかったと後悔するものなんだよ。ところで、さっき君は『国語はいろいろな考え方があって答えは一つではないし』と言っていたね。確かに文章の読み方にはいろいろ認識のレベルがあることは否定できない。しかし、答えがすぐあることより、もともと人生のことについては、すぐに答えなど出ないものなんだよ。君だって何かを決定するに当たっていろいろ考えて、答えを出したことだってあるだろう。必ずしも1＋1＝2という具合にはいかない現実をもう知っていると思うよ。現に、今ここでこうして、国語の学習をどうすればよいかを考えているが、一概にこうすればよいと決定できないように、むずかしいと言えばむずかしいものなんだよ。教科の中では答えがなかなか出ない。しかも、一つとは限らないという現実。それだけで意味のあることだとは思わないかね。特に詩の鑑賞などの場合は。しかしね、文章の解釈などにおいて、客観性がなくて、いろいろな解釈があると一言で決めつけてしまうのは、むしろあやまりだと思うよ。結局、こうしか解釈できないという文章の形態があるはずだよ。この語とこの語の関係から、文がこのようにつながって、こういう言葉の概念を示しているからとか、こういう状況の下で、こういう事件があったのでこういう心情としてしか読めないとか、いわゆるこのようにしか書いていないから、このようにしか読めないという客観性の範囲があるはずだよ。したがって、一つの主観を持って答えの多数を主張する前に、二つも三つもの主観を重ねてみることだよ。論理のうえから文法のうえから、文末表現の使い方のうえから、あるいは、人物と人物の関係から、また、事件と心情の変化のうえから、文章や作品の組み立て、構成のうえから、さらには、表現技法のうえから、自分の生活体験や読書体験のうえからというように、そうした見方や考え方を読みに加えられることが、文章や作品を読む客観性ということになるのだよ。つまり、国語ができるということはね、$x_1+x_2+x_3+x_4+x_5\cdots\cdots x_n$ というふうに、数多くの主観を持つこと、また、持っている人が国語ができるということだよ。つまり、ものの見方や考え方が固定している人は、国語の学習が足りないわけだし、また、学習が振わない人も、勉強が足りないということになるわけだよ。もうだいたい国語の学習というものがどんなものか、理解できたと思うが、一つの事柄や、ものに対しても豊かなものの見方や考え方ができ、しかも、その中から自分の目を育てていく力のあるもの、それが国語の力を持っている人だと言える。要するに、国語の学習は、いろいろな読み方や考え方、感じ方ができるが、それを確かめ、深めていきながら、より多くの主観、xを獲得していく学習なんだよ。」

「よくわかったような気がします。ありがとうございました。」

「じゃ、頑張れな。また、話すよ。」

③の場合

「君は、見事な答案を書いてくれると思っていたのだが、ちょっとがっかりしたね。何か原因があるのかね。」

「はあ、国語は嫌いではないのですが、どう勉強していいかわかりません。」

「そうかね。では、日ごろはもちろん、テスト前にも勉強はやらないわけかね。」

「宿題が出た時はしますが、日ごろは全く教科書は読んでこないし、復習もよほど気分がのらないとやらないし、テスト前など漢字と文法の学習をやるくらいです。」

「なるほど。だったら、授業中特に気をつけていることはどんなことか、教えてほしいな。」

「ノートをとることぐらいです。」

「そう、黒板に書いてあることをしっかり写しているわけだね。」

「そうです。しかし、忘れることもあります。」

「じゃ、先生の発問だとか、班の人との話し合いの時の人の考え方だとか、ある人の発言や質問などはよく聞いているかね。」

「はい、聞いているつもりです。」

「ところで、よく聞いていると、これは大事なことだという発問や質問に気づくと思うが、ノートしておくという工夫は考えられないかね。」

「はあ、考えられると思います。」

「だったら、先生の発問や学習の場で出た質問ぐらいノートしておくもんだよ。そうしておけば、家庭での復習も学習の手がかりがつかめるし、国語の学習の仕方もわかってくるはずだよ。」

「やってみたいと思います。」

「それからね、国語の学習は、話すということがあるんだよ。よい話し手は、よい聞き手でもあるという言葉があるが、よく聞いて話すということも、ノートして、教材を読み返したり、考えたり、書き出したりすると同じように大切な国語の学習だよ。先生の発言にしろ、誰かの意見にしろ『そうじゃない。』と思ったら、思い切って発言することだよ。たとえそれが間違っていても、それはいちばん君が学んだことになるんだよ。学習も勇気だよ。また、自分で発言すると人の言うことも不思議によくわかるもんだよ。中学一年生の生徒でね、授業中によく聞いて話すということに目標をおいて、ノートはとるし、教材は真剣に読むし、とにかく、それだけでどれくらい国語の力が身につくか試してみようと予習も復習もせずに、テストを受けた生徒がいて、優秀な成績をあげたよ。それはね、やはり、授業がいかに大切にされなければならないかという至極当然のことを証明したに過ぎないよ。ともすると、多くの人は、当然のことを当然にしていないで、家庭で無理な時間を設定し、自分自身を縛る結果をつくっているのじゃないかとさえ思うよ。それからね、君は、国語の勉強はどうしていいかわからないと言いながら、現に漢字や文法の勉強ができているじゃないかね。それも、確かに国語の勉強だよ。しかし、問題は、漢字や文法も国語の勉強には違いないが、それ以外に何かあるということに気づいていることの大切さなんだよ。今、君が困っているように、国語の文章の作品のどれをとっても、学習要素が多いから何から手をつけていいかわからないのは、至極当然なことだよ。しかしだね、だからこそ何を学習するのか学習目標が大切だし、どういう内容の学習をするか、また、したかの確認のできる構えが必要なんだよ。そのためには、今までの数多くのテストからも、自分の弱点がどういうところにあるか気づいていると思うからそれを補い、力をつける頭脳の開発が必要になってくるわけだ。したがって、文章や作品を前にして、じっくりとくり返し読みこなすこと以外にないだろう。なお、漢字や文法が弱いということは、要素知識としての記憶にもかかわることだから、記憶のための反復訓練が必要になってくる。その点、君は、論理的文章の要旨や文学的文章の主題の読み取りが弱いね。中学三年という高校入試をひかえた学年でもあるし、いわゆる長文の、しかも、要旨や主題にかかわる問題の文章を、その点にのみ重点を当てて、文章を読みこむ必要があるだろう。要は、一文一文がどのようにつながって段落や場面をつくり、それらが文章や作品の中で、どういう意味や役割を果たしているか、文章や作品の構成や展開はどうかなど、全体的判断から、要旨や主題にかかわる文なり語句を見つけ出すまで、読み耐えることだよ。さらに、問題を重ねるに応じて一定の時間(心理学的な見地から見て最大十五分で一文章なり、一作品を読みこなして問題に当たる。)内でできる学習内容を明確に増していくことだよ。それが文章を読む学習の訓練というものだよ。」

「先生にいろいろうかがいましたが、ぼくは先生の発問やみんなの中から出た質問をしっかりノートして、国語の学習のしかたを身につけるのが最もよいような気がします。それから、文章や作品を読む力のことですが、今まで、日本語だからと簡単に考えていたこともあって、全く勉強していませんので、その罰として、長文をじっくりと読み解いて力をつけたいと思います。」

「そうだ、その気迫がないと、高校入試はもちろん、世の中を生き抜き、乗り切っていく力も生まれてこないよ。先生だって、そんな気迫もなければ、国語の力もないまま卒業させるのは、教師として失格と言えるよ。」

「どうもありがとうございました。自分自身に戦ってみます。」

三　学習の学習のあと

以上三つの例を挙げたが、こうしたスタイルで生徒と対話していることは確かだが、かなりできすぎた対話文になったことは否めない。しかし、実際、学習の学習をやらせながら、さらに、次の学習を加えて、遅進生の指導に当たっているのが、現実である。

最後に、対話こそ「させられる」ものから「する」ものへの覚醒の楔たると。

四　ふり返って

「人と人とが聞きながら、話しながら、伝達と交わりを重ねることで、お互いが意味的・創造的に高まっていく、その知的、人格的共同作業が対話である。」対話のいのちをこう確信している。

Ⅱ

話し言葉の練磨

――音声言語

1　音読・朗読で話し言葉のリズムとイメージと論理を磨く

一　教材で音読の力を誘発する

二十年も前になるであろうか。中学校に入学してきた生徒たちに小学校一年生から六年生までの国語の教材で一番忘れられない教材を尋ねたところ、異口同音に小学校一年生の教材「小さい白いにわとり」（昭和四十六年版 光村図書 しょうがくしんこくご一ねん上）だと答えた。そして、全員が声をそろえて全文暗誦の音読を行った。

忘れられない最大の理由は「おはなしのあと、にわとりは、なんといったでしょう。ほかのどうぶつたちは、なんといったでしょう。」の答えが今なお分からず、問いがつづいているからというものであった。しかし、それだけではなく言語表現の上から考えられる理由を問い正したところ、

○題名の「小さい白いにわとり」は形容詞が二つ重なっていて、にわとりの様子がよく分かるから。
○登場人物の「にわとり、ぶた、ねこ、いぬ」は身近な動物で、みんな同じ言葉を使い、口に乗りやすいから。
○むぎからパンになるまでの経過（生産過程）がくり返しの形（むぎをまく、むぎをかる、むぎをこなにひく、こなをパンにやく）で表現されているから。

というものであった。そこで、もう一度、暗誦音読をさせて、言葉のリズムを指折らせながら確かめさせたところ、全員が驚きに似た納得の声を発したのである。実は、全文が完全な七・五調のリズムになっているのである。次に、①の文章を示すと、

①　小さい　白い　にわとりが、みんなに　むかって　いいました。
「この　むぎ、だれが　まきますか。」

ぶたは、

「いやだ。」

といいました。ねこも、

「いやだ。」

といいました。犬も、

「いやだ。」

といいました。

小さい　白い　にわとりは、ひとりで　むぎを　まきました。


というもので、②～⑤までのにわとりのせりふだけが次のように変わっていて、⑤のみ、にわとり以外の動物が「たべる。」と答えているものである。

②「この　むぎ、だれが　かりますか。」
③「だれが、こなに　ひきますか。」
④「だれが、パンに　やきますか。」
⑤「この　パン、だれが　たべますか。」

文学のジャンルで俳句、短歌は、五・七調ないし七・五調のリズムで構成されているが、散文の一部にそれを見るのは、宮沢賢治の「オッペルと象」くらいである。その後、音読指導には必ず、「小さい白いにわとり」を位置づけることにした。

実は、こうしたリズムの文章の音読を通して、話し言葉のリズムを考え直させると、五・七調や七・五調のリズムに気づき、俳句のリズムをもった話し言葉が出てくるようになった。例えば、次のような言葉である。

○考えて　必ず答えを　見つけます。
○応援で　団結心を　高めます。
○宿題は　いつまで出せば　いいですか。

二　口伝えで言葉の響きとリズムを触発する

中学に入学した生徒たちに、平仮名、片仮名による五十音図を書かせると、全体の三分の一くらいしか正しく書けない実態があった。また、ア段、イ段、ウ段、エ段、オ段について音声化させても、十分習熟していなく、途中で詰まる生徒もいた。

そこで、小学校の教科書による平仮名、片仮名の五十音図を与え、母音と子音との組み合わせとその秩序立った音の世界を説明し、言葉の響きを感得させるリズミカルな発声練習として、「あ　え　い　う　え　お　あ　お」（以下、行ごとに発声し、濁音、半濁音、拗音へと移る）を導入した。

この学習を授業の始めに三週間ほど取り入れ、その後は北原白秋の「五十音」を一時間に一行ずつ口伝え、暗誦させていった。例えば、最初の日は「水馬《あめんぼ》赤いな　アイウエオ　浮藻《うきも》に小蝦《こえび》もおよいでる」だけを口伝えする。最初は聞かせる。二度目は一緒に言わせる。三度目は生徒だけに言わせる。次の日は、生徒にア行を言わせる。習熟が不十分であれば、援助する。それができると、新たにイ段の「柿の木栗の木　カキクケコ　啄木鳥《きつつき》こつこつ枯れけやき」をア行と同様に口伝えする。続いて生徒だけで、「ア行、カ行」を続けて言わせる。途中、つまずくと援助する。こうして、十日間でア行からワ行までをすべて口伝えで暗誦させていったのである。次は、サ行からワ行までの文である。「大角豆《ささげ》に酢《す》をかけ　サシスセソ　その魚《うお》浅瀬で刺しました」「立ちましょ喇叭《ラッパ》で　タチツテト　トテトテタッタと飛び立った」「蛞蝓《なめくじ》のろのろ　ナニヌネノ　納戸《なんど》にぬめってなにねばる」「鳩ぽっぽほろほろ　ハヒフヘホ　日向《ひなた》のお部屋にゃ笛を吹く」「蝸牛《まいまい》螺旋《ねじ》巻き　マミムメモ　梅の実落ちても見もしまい」「焼栗ゆで栗　ヤイユエヨ　山田に灯《ひ》のつく宵の家」「雷鳥寒かろ　ラリルレロ　蓮花《れんげ》が咲いたら瑠璃の鳥」「わいわいわっしょい　ワヰウヱヲ　植木屋井戸換えお祭りだ」

全行の口伝えが終了すると、一学期間は毎時間の始めに「五十音」を一斉暗誦させ、単元や教材の学習に入った。

二学期以降は暗誦教材を、次のように設定した。

二学期…古典（今昔物語の「実因僧都の強力」、御伽草子の「浦島太郎」、竹取物語の「蓬萊の玉の枝」）の冒頭段落。

三学期…ヘルマン・ヘッセ（高橋健二訳）の「少年の日の思い出」の冒頭場面とクライマックスの場面。

こうした暗誦教材を通して、生徒たちが明瞭な発音とともにその場にふさわしい声量を身につけてきた例として、「声の大きさは、吸う息の量による。」「ア段の発音を美しくしようと心がけただけで、言葉がはっきりしてきた。」などがある。また、言葉のリズムとして、「相手の話の中の言葉のリズムや呼吸に合わせて話すと話が楽しくなる。」「話し言葉のリズムは息の切り方から生まれる。」などがある。

三　言葉のイメージを喚起し、朗読の力を純化する

第一単元「学習のしかたを学ぶ」（平成五年版　光村図書　国語一）の最初に「野原はうたう」（工藤直子）があり、まず、次の詩が用意されている。

ねがいごと　たんぽぽ　はるか
あいたくて
あいたくて
あいたくて
あいたくて
……
きょうも
わたげを
とばします

詩的表現としては反復による感動が表れていて、たんぽぽがわたげの一つ一つにねがいを込め、新しい出会いを求めている思いがいっぱいに伝わってくる。

朗読に当たっては「あいたくて」の対象を一人一人がどうイメージするかによって、朗読の質が変わってくる。そこで、一人一人にイメージさせる手だてとして、「（　）に、あいたくて」の形式で、「あいたくて」の上に記入させることにした。

例えば、（恋人に）あいたくて、（ひつじや水鳥の群れに）あいたくて、（かえるに）あいたくて、（小川の水に）あいたくて……などである。こうした対象をイメージさせることによって、朗読の楽しさを引き出し、「あいたくて」という日常語を純化した詩の言葉を朗読する力をつけようとしたものである。

本来、言葉は単に既知の情報を交わし合うだけでなく、未知の情報を探り、イメージを喚起させる力をもっている。このことから、言葉はすべてを表すのではなく、言葉によって伝えられているモノやコトを一人一人がどうイメージして、意味づけていくかが言葉の世界であり、そのことによって、少しずつ人格形成も変わってくるということを説いた。

こうして、生徒たちは「人は、別のことを考えながら話をし、また、人は別のことを考えながら人の話を聞いている。」という話し言葉の現実があることにも気づいてきた。だから、それだけに相手にきちんと分かる言葉を使わないと伝わらないし、相手が別のことを考えていることを察しながら、また、聞き取りながら話していくことが大切であるということにも心を開いてきた。

四　音読で文章の論理を読み取り、話し言葉の論理へ導く

第三単元「わたしたちと言葉」(平成五年版　光村図書　国語一)の最初に「心のメッセージ」(甲斐睦朗)という説明的文章の教材が用意されている。

説明的文章の音読の場合は、文学的文章の場合のようにイメージを追うことではなく、文章の論理展開をきちんと頭に入れて読めるようにすることが話し言葉への転化を容易にすることになる。

例えば、「まず、……それから、……最後に、……」とか、「一つ目は、……二つ目は、……三つ目は、……このように、……」とか、「なお、……また、……次に、……こうして、……」とか、「例えば、…つまり(このように)、…」「しかし、……だから、……」とかといった、つまり、論理展開の言葉をきちんと頭に入れた音読である。

実は、「心のメッセージ」の中には、次のような、「例えば、……つまり、……」の具象(事例)から抽象(まと

め）への論理展開が出てくる。
別れのあいさつは、「さようなら」「それでは」「では」「じゃあ」などのように幾通りもあるが、これらの作られ方は似通っている。例えば、「さようなら」が「そういうことであるならば、……」という意味の堅苦しい武家言葉「左様ならば、……」からできたように、いずれも下に続く言葉を省略して、つなぎの部分だけ残した形である。つなぎ言葉が、前の表現を受けてあとの表現へとつなぐ役割をもつのと同様に、つなぎ言葉から生まれた別れの言葉も、それまでの相手と自分とのかかわりを確認し、今後のいっそうのつながりを願う言葉ということができる。……（中略）……つまり、別れの言葉を家族的かどうかで分類するとしたら、「さようなら」が最も改まったあいさつで、「それでは」「では」「じゃあ」などの順に家族的な方向に進む。この、家族へ向かう方向と、つながりをもち続けたいという気持ちの強さは比例している。（傍線は筆者が記したものである。）

というものである。この音読において、「例えば」で表現されている部分は、「別れのあいさつ」の作られ方であり、「つまり」の部分は、その概念化であることを全体的に把握させて、論理展開に乗った音読の力をつけることが、話し言葉の論理へ導くことになると考えた。

そこで、本文の「例えば」「つまり」に傍線をつけさせ、「例えば（具体化）⇅つまり（概念化）」の関係を押さえ、音読（一斉、個人）指導に入った。

これを拠り所に、題目「私のコマーシャル」を立て、ミニ口頭発表会（「例えば」「つまり」の展開を生かす）を行った。次は、その中のいくつかである。

○僕は、大体一日に一つや二つくらい忘れ物をします。小学校のときは、もっとひどかったです。例えば、笛を忘れたり、筆箱を忘れたり、いろいろと忘れ物をしました。つまり、僕は忘れん坊なのです。

○わたしの家の柴犬、マルは特技を持っています。例えば、わたしが「ワン」と言うと、舌をペロッと出すことです。もう一つは、「ハイ」というと、前足を上げて後ろ足だけで歩くことです。つまり、マルの特技は、わたしがオヤツをやるときにしつけたから、わたしのいじわるが原因かもしれません。
○わたしは、人と違った遊びをします。例えば、ロケット花火をハチの巣にめがけて飛ばしたり、カエルの丸焼きをしたり、トンボをつかまえてバクチクをつけて飛ばしたり、ロケット花火をおもちゃの車にたくさんつけて飛ばしたり、みんなが驚くような遊びがわたしの代表的な遊びです。つまり、わたしは危ない遊びやざんこくな遊びが大大大好きということです。今からもいろんな遊びを考えていきます。

五　音読・朗読から話し言葉の練磨へ

文章の音声化（説明的文章は音読、文学的文章は朗読）を通し、話し言葉を練磨していく実動こそ教室に根づかせることである。

2 「聞く」態度と能力を育てる
――中学生の「聞くこと」に関する意識調査から――

一 「聞くこと」をめぐって

言葉のひびきや自然の音色に耳を傾ける、それは「耳を澄ます」ことに始まる。「澄ます」とは、「注意を集中して聞く。」(『岩波国語辞典』第五版・岩波書店・平成六年)ことだという。そのためには、心配・邪念などを払って、心を清らかにしておく心構えが必要であろう。もしそうでなくても、美しい調べの言葉のひびきや自然の音声が耳を奪うことがある。谷川俊太郎の「みみをすます」(福音館書店・昭和五十七年)は、読み聞かせるだけで、生徒たちの聞く耳を澄まさせ、小鳥の声や川のせせらぎは他の物音を避けて聞く耳を傾けさせる。

山本有三の「すわり」というエッセイに「禅門で、すわることを、だいじなこととしているのはうなずける。……すわろうとして、すわれるものではない。力がはちきれ、いきおいが高まって、おのずからすわるのである。コマがすわることを、子どもたちはまた、『澄む』ともいっている。まことに、すわることは澄むことである。」とあることを考えると、「聞くこと」の基本的態度は、一見動かないように見えて、実は最も激しく動いているコマのすわりのように、「聞くこと」に全神経を集中させ、心を張りつめることであろう。

1 「聞くこと」の現実

「聞くこと」の実際を考えると「全く自己本位で、聞くものだけ聞いて、後は無関心」とか、「都合の悪いことは聞かず、言いたいことは言って、都合のいいところだけ聞いて、万時好都合に解釈する。」とかいったことがある。

また、話し手が「他のことを考えながら話している。」ことがあるように、聞き手も「他のことを考えながら、聞いている。」ということを考えると、話し手の意図や考えが確実、完璧に伝わることはなかなか難しいことである。

2　「聞くこと」の固有性

理解の「読むこと」に対応して考えてみる。

(1)　聞くことの気楽さ

○話し手の身振り、表情、話し振りが理解の助けとなる。
○もし理解不明なところがあると問い返すことができる。

(2)　聞くことの難しさ

○音声表現の一回性をその都度とらえなければならない。
○話し手の話のペースや速度に合わせて理解しなければならない。
○その時、その場の雰囲気や状況によって聞く耳を阻害されることがある。
○日常の聞く習慣や態度がつい出てしまう。

こうした「聞くこと」の特性を押さえて、「聞く」態度の指導をしていかなければならない。

3　新学習指導要領（平成元年三月十五日 文部省告示）における「聞くこと」の位置づけ

理解の内容「正確、的確な聞き取り」に関する指導事項として、

第二学年　キ　話の要点をとらえながら聞き、話の中心点を的確に聞き取ること。
第三学年　ク　話し手の立場や話の根拠を考えながら話の内容を的確に聞き取ること。

第一学年では、特に指導事項は設定されていない。文部省の中学校指導書国語編（平成元年七月十五日初版発行）によると、「必要な内容を正確に聞き取らせるような指導が望まれる。」としている。

二　中学生の「聞くこと」に関する意識実態

中学生が「聞くこと」にどんな意識をもっているか、次のような事項で調査した。対象は、中学一年生一五二名、二年生一六六名、三年生一七五名である。

㈠　あなたは、人の話を聞くとき、主にどんな態度で聞いていますか。

「『聞く』ときの態度」	一年生 男	一年生 女	一年生 全	二年生 男	二年生 女	二年生 全	三年生 男	三年生 女	三年生 全	全
ア　話す人の目を見て	3.8%	5.3%	4.5%	8.1%	7.2%	7.6%	4.2%	6.6%	5.4%	5.8%
イ　話す人の顔全体を見て	8.1%	6.4%	7.3%	4.0%	4.5%	4.3%	6.6%	6.6%	6.6%	6.1%
ウ　話す人の方向に顔を向けず耳だけを澄ませて	4.8%	5.4%	5.1%	4.6%	4.5%	4.5%	5.7%	3.1%	4.4%	4.7%

	一年生 男	一年生 女	一年生 全	二年生 男	二年生 女	二年生 全	三年生 男	三年生 女	三年生 全	全
エ　話す人に好感をもち、あいづちをうって	2.5%	5.8%	4.1%	4.2%	5.8%	5.0%	3.3%	7.0%	5.2%	4.8%
オ　話す人の気持ちより自分の気楽な態度をとって	4.7%	1.6%	3.2%	3.5%	1.6%	2.5%	4.7%	1.2%	2.9%	2.9%
カ　ときどき注意をそらしてなど	0.5%	0.8%	0.7%	0.6%	1.3%	0.9%	0.5%	0.3%	0.4%	0.7%

(二)　あなたは、人の話を主にどのように聞いていますか。

「話の聞き取り方」	一年生 男	一年生 女	一年生 全	二年生 男	二年生 女	二年生 全	三年生 男	三年生 女	三年生 全	全
ア　話の内容のおもしろさや楽しさを見つけながら聞く	5.4%	6.2%	5.8%	6.2%	5.4%	5.8%	4.4%	4.8%	4.6%	5.4%
イ　話の要点や中心点を考えながら聞く	5.4%	2.8%	4.2%	4.8%	4.2%	4.5%	4.6%	3.3%	3.9%	4.2%
ウ　話の内容に共感したり、反発したりして聞く	4.1%	5.8%	5.0%	3.3%	5.6%	4.5%	4.9%	5.5%	5.2%	4.9%
エ　話の内容を確かめたり、そうかなと考えたりして聞く	4.5%	5.7%	5.0%	6.4%	6.3%	6.4%	5.7%	6.9%	6.3%	5.9%
オ　話す人が何を伝えているか、意図は何かを考えながら聞く	5.2%	3.4%	4.4%	4.0%	2.5%	3.3%	3.3%	3.9%	3.6%	3.8%

	一年生 男	一年生 女	一年生 全	二年生 男	二年生 女	二年生 全	三年生 男	三年生 女	三年生 全	全
カ　ただ聞いているなど	0.4%	0.4%	0.4%	0.4%	0.6%	0.5%	1.6%	0.5%	1.1%	0.7%

㈢　あなたが人の話を聞くとき、いやだなと感じるのはどんなときですか。

「いやな感じの話」	一年生 男	一年生 女	一年生 全	二年生 男	二年生 女	二年生 全	三年生 男	三年生 女	三年生 全	全
ア　同じことのくり返しの話を聞くとき	9.0%	8.1%	8.5%	10.8%	9.2%	10.0%	9.8%	9.3%	9.6%	9.4%
イ　話し手の判断が先立った押しつけの話を聞くとき	3.8%	2.6%	3.2%	2.8%	3.6%	3.2%	2.9%	3.0%	2.9%	3.1%
ウ　自分のいたらないところを指摘される話を聞くとき	4.7%	3.6%	4.2%	3.3%	3.4%	3.4%	4.6%	4.2%	4.4%	4.0%
エ　何かを追及されるような話を聞くとき	2.7%	2.2%	2.5%	4.2%	2.5%	3.4%	2.4%	3.3%	2.9%	2.9%
オ　指示されたり、命令されたりするような話を聞くとき	3.9%	7.2%	5.5%	2.8%	4.9%	3.8%	4.4%	4.0%	4.2%	4.5%
カ　人の悪口、人の欠点などの話や長い話を聞くとき	0.9%	1.2%	1.0%	1.1%	1.6%	1.4%	0.9%	0.6%	0.7%	1.0%

㈣　あなたが人の話を聞くとき、好きだなと感じるのはどんなときですか。

「好きな感じの話」	一年生 男	一年生 女	一年生 全	二年生 男	二年生 女	二年生 全	三年生 男	三年生 女	三年生 全	全
ア　ユーモアのある話を聞くとき	10.3%	10.7%	10.4%	10.8%	8.5%	9.6%	9.5%	10.7%	10.1%	10.0%
イ　意外な出来事のニュースを聞くとき	7.7%	8.1%	7.9%	6.6%	6.1%	6.4%	9.8%	9.0%	9.4%	7.9%
ウ　自分のことを真剣に考えてくれている話を聞くとき	3.4%	4.6%	4.0%	2.4%	5.2%	3.8%	3.3%	3.9%	3.6%	3.8%
エ　話し手の人がらが感じられる話を聞くとき	1.3%	1.2%	1.2%	2.4%	3.3%	2.8%	0.9%	0.9%	0.9%	1.6%
オ　人の生き方や考え方にふれる話を聞くとき	1.9%	1.0%	1.5%	2.0%	1.8%	1.9%	1.6%	0.8%	1.2%	1.5%
カ　自然の美しさなどの話を聞くとき	0.4%	0.4%	0.4%	0.7%	0.4%	0.5%	0.4%	0.6%	0.5%	0.4%

調査の結果からいえることは、

「『聞く』ときの態度」では「話す人の『目』と『顔全体』を見て」において、学年差、男女差が見られるが、合わせて考えると、平均して六%の者が話し手を見て、話を聞いている。「話す人に好感をもち、あいづちをうって」では、女子が多く、特に三年生の女子が比較的高い。「話す人の気持ちより自分の気楽な態度をとって」では、各学年とも男子が高い。

「話の聞き取り方」では、能力としての「話の要点や中心点を考えながら聞く」が、各学年とも低く、一・三年生の女子が特に低い。また、「話す人が何を伝えているか、意図は何かを考えながら聞く」においても、意識の低さが出ている。「話の内容を確かめたり、そうかなと考えたりして聞く」も目立って高い方でもない。

「いやな感じの話」では、「同じことのくり返しの話を聞くとき」が圧倒的に高い。また、「人の悪口、人の欠点などの話や長い話を聞くとき」があることは見逃せない。

「好きな感じの話」では、「ユーモアのある話を聞くとき」が最も高く、「意外な出来事のニュースを聞くとき」が次に高い。「話し手の人がらが感じられる話」及び「人の生き方や考え方にふれる話」は、比較的低い傾向にある。

以上、「聞くこと」の意識調査から特出したところだけを析出して挙げたが、要は「『聞く』ときの態度」と「聞き取り方の能力」にかかわる指導が「『聞く』態度を育てる」キーポイントになりそうである。もちろん、聞き手を育てる話し手の話の内容の構成や聞き手の意識を考えた話し方の技術的な配慮や心配りが不可欠であることは言を待たない。

三　「聞く」態度と能力の育成

1　「聞くこと」の本来性（耳に従う）を身につける

「『きく』とは、神の声を聞くことであった。そのように、ものの本質を見極める力を徳といい、また、神の声を聞きとるものを聖という。徳は目に従い、聖は耳に従う字である。」（『文字逍遥』白川静・平凡社・昭和六十二年）

ということから「徳」と「聖」の指導を根底にすえて、態度を育てること。特に「徳」の問題として、時、所、場所に応じて、話し手のまなこを見て、姿勢を正し、好感をもって聞き取る基本的態度を身につけさせることである。

2　「聞き方」の学力をつける

ＮＨＫの元アナウンサー井川良久氏は「聞き上手は、話し手の言葉をそのまま受けて返すことだ。」といわれた。まさに受けて返すことで人間関係をきり結ぶことができる。そうすることで、「うん、そう」、「それで」、「だから」などといって、聞き手の解釈を加えながら、共に新しい意味や内容を生み出していく学力としての聞き方の方法を体得させることである。

3　どんな話にも意味をくみ取る集中力をつける

一瞬、一瞬に消えては伝わってくる音声言語を考えると、そのときどきが、最初であり最後である。それだけに肉声で伝わってくる話はありがたい出会いである。したがって、心に響いた言葉は、メモして自ら人生の糧にし、また、人に供することも大切である。話の要点、中心点、話の根拠は何かなど、言葉が指示している意味を正確かつ的確にくみ取るため、「耳を澄ます」ことに集中させることである。

Ⅲ 文脈の中で生きてはたらく言葉——言語事項

1　語のはたらきに関すること

一　教材名　「付属語のはたらき」

二　教材の目標

文法の学習は、言葉で言葉の法則性やはたらき、意味を考えていくことが中心になるだけに、指導者の文法に対する考え方によって、学習が楽しくもなるし、味気ないものにもなる。実際には文法学説をそのまま伝達したり、文法体系を暗記という形で知的に詰め込んだりということが文法教育だという信念のもとに、ますます文法嫌いを多くしているかもしれない。それだけに表現と理解とをきり結ぶ形での指導法の工夫と、言葉のきまりについての伝達ではなく、きまりについて考えさせていくという指導者の考えの確立が必要になってくる。

三年生ともなると、かなり言葉のはたらきや意味に対する関心も出て「宿題が終わったから、遊びに出かける。」のと「宿題が終わってから、遊びに出かける。」のは意味が違うのだというような日常会話をかわすようなことがある。したがって、ここでは、付属語のはたらきや意味に目をすえ、それが文脈の中でどういう意味機能を果たしているかを考えさせることによって、言葉の法則性に対する意識を掘り起こし、言葉への判断力、思考力をつけ、それが理解や表現の力になっていくように努める。

三　教材と生徒との関係

文法といえば、「おもしろくない。」「むずかしい。」「役に立たない。」という三語が決まって返ってくる。しかし、日常言語生活の中で「言葉とは恐いもので、言い方一つで印象がまるで変わってしまう。それで、最近は細かく注意しているつもりだけど、せっかく相談に来てくれた人を傷つけているような気がする。」というような言語感覚をはたらかせている実態もある。そうした言葉に対する関心にどう迫っていくか、とりわけ判断の仕方や主体的表現にかかわる助詞のはたらきや助動詞の意味を表現内容とからませながら、文法学習の必要性と意義を分からせていくことが肝要である。

特に付属語といえば、自立語に対してつけられ、そえもの的感じで受け止められないでもない。そこで、できるだけ教科書教材の中から文の実例を引用したり、語と語とを対照させたりすることを通して、生徒の言語意識を深めていくようにする。

四　指導事項

文法という一つの知的な学習内容をどのように文脈の中にとり込んでいくか、とりわけ助動詞がどういう意味機能を持ち、登場人物や内容とのかかわりでどういう意味をつくっているかを考えさせることで、小説や古典の読解鑑賞力を培っていくようにする。

また、助詞が語と語との関係をどうつけて、どのような表現内容をつくっているかを考えさせたり、助動詞を使うことによって文末表現の判断の仕方を書かせたりすることによって、判断力や作文力をつけるようにする。特に口語・文語活用表を教材として、そこから読み取れることを問題にしながら付属語の多様性や多意性について分からせ、言葉の変化についての認識を深めさせていくようにする。

五　指導方法

方法が画一的になって生徒の関心を弱めないためにも、映像機器を使ったり、カードを活用したり、書き込み用紙を利用したりすることが必要である。表現と理解との関連指導ということを考えると、読解教材を対象にするだけでなく、教科書全体の文章を文法の教材として、発見的に探させたり、類別させたりする方法は生徒の学習活動を生き生きとさせるし、新たな文章理解を促すことにもなる。

六　授業構成（五時間）

時	本時の目標	学習内容	学習活動	留意点・評価
1	○品詞分類ができ、付属語の特徴をつかみ、助詞・助動詞の種類をとらえることができる。	○単語の分類表を通して語のはたらきの違いを分からせる。 ○付属語の特徴と助詞・助動詞の種類を分からせる。	○単語分類名、助詞・助動詞の種類をカードに書き、それをバラバラにして黒板に掲示し、班ごとに話し合わせ、各自のノートに分類整理させる。	○一、二年の自立語・付属語の学習を想起させる。カードを組み替えさせて点検する。

2	○助詞が文脈の中でどういうはたらきをして、文の意味を形成しているかをつかむことができる。	○副助詞「は」がどういうはたらきをしているか、また、助詞の使い分け（を・へ・に）が文脈の中でどうはたらいて意味を形成しているかを分からせる。	○副助詞「は」に、「が・の・を・に」のどの機能があるかを考えさせる。 ○格助詞「を・へ・に」によって述語がどう変わるかを書かせる。	○助詞の置き換え、書き換えによって、意味がどう変わるかを判断させる。
3	○助詞のはたらきや助動詞の意味が登場人物の心情とどうかかわっているか、そのかかわりを読み取ることができる。	○助詞（か・も・でも）のはたらきや助動詞（られる・う・そうだ・ようだ）の意味が登場人物の心情とかかわっていることを分からせる。	○助詞（か・も・でも）のはたらきや助動詞（られる・う・そうだ・ようだ）の意味を用例を通して考えさせ、登場人物の心情とのかかわりをノートさせる。	○助詞のはたらきや助動詞の意味がどの程度理解できているか、用例を通して点検する。
4	○口語と文語の活用表から助動詞の変化の様相をとらえることができる。	○口語と文語の活用表から言葉が変化していることを分からせ、特に助動詞の数が文語では多く、口語では表現の区別がされなくなっていることを分からせる。	○口語と文語の活用表の共通点と相違点を班で話し合わせ、しかるのちに、個人別にノートをまとめさせる。	○言葉の変化、言葉の数の違いに目をつけさせる。どれだけ多く見つけたかを点検する。
5	○口語では区別して表現することがなくなった助動詞の意味をとらえることができる。	○口語の「た」が文語では「き・けり・ぬ・つ・たり・り」と使い分けられているので、それぞれの意味について分からせる。	○「き・けり・ぬ・つ・たり・り」の使われている例を教科書の古典の中からさがし出させ、他の用法をカードで示すことで、その	○教科書の用法と同じもの違うものの例を示す。用例はプリントして点検する。

意味を考えさせる。

七　授業の展開（第三時）

学習内容	学習活動・反応	留意点
1　付属語の特徴と助詞・助動詞の違いについて確認させる。	1　「山椒魚」（井伏鱒二）に使われている「せりふ」に初めから番号を打ち、その中で、登場人物の心情を読む上で問題にしたい助詞・助動詞に線を引く。 ○読解指導の過程の一つとして言語事項の取り立て指導を考えたので、登場人物やストーリーの抵抗はなく、言葉づかいそのものに注意を向けさせることになった。	○助詞には―線、助動詞には＝線を引かせる。 ○助詞・助動詞の区別に迷う生徒もいるので個別指導をする。
2　助詞のはたらきと、助動詞の意味を登場人物の心情とかかわらせることで分からせる。 (1)　なんたる失策であることか。 (2)　いよいよ出られないというならば、おれにも相当な考えがあるんだ。	2　問題にしたい助詞のはたらきや助動詞の意味を用例（どれと同じか）と比較し、そのはたらきや意味が登場人物の心情とどうかかわっているかを考える。 (1)　父か母かが出向く。　(2)　どこかに行きたい。 (3)　書いてみようか。　(4)　なに、つらいものか。 ○反語表現に山椒魚が己に憤りを込めていることが分かる。 (1)　だれに見られてもよい。　(2)　明日は来られる。 (3)　母のことが案じられる。　(4)　先生が教えられた。 ○可能表現に山椒魚が己の行動状況を考えていること	○作品を読むことと関連してくるので、用例を上げてそれを比較させながら、助詞のはたらきや助動詞の意味を考えさせる。

(3)　なんという不自由千万なやつらであろう。

(4)　ああ神様。あなたは情けないことをなさいます。たった二年間ほどわたしがうっかりしていたのに、その罰として一生涯この穴蔵にわたしを閉じ込めてしまうとは、横暴であります。わたしは今にも気が狂いそうです。

(5)　おまえは今、どういうことを考えているようなのだろうか。

が分かる。

(1)　私にも教えてください。
(2)　おとなにも子どもにもできる。
(3)　どこにも見えない。

○強意表現に山椒魚が強がりを言っていることが分かる。

(1)　夏は山に登ろう。(2)　苦しかろうが、がんばれ。

○推量表現に山椒魚が己の不自由さに気付いていないことが分かる。

(1)　きょうは成功しそうだ。(2)　彼は知らないそうだ。

○助動詞は今まで常体表現がとられていたが、ここにいたって敬体表現がとられ、それが様態の意味をもっていることから、山椒魚が己の置かれた状況を認識し、神様にすがるような思いで嘆いていることが分かる。

(1)　庭一面に雪が降ったような明るさだ。
(2)　やがて来るようなことをいっていたがまだかね。
(3)　君のような読書家がいると、みんなも書物を読むようになる。

○不確かな断定表現に山椒魚がかえるを岩屋に閉じこめたしうちにうしろめたさを感じて、「もうだめなようだ」というかえるの思いを察していることが分

○敬体表現と常体表現の違いについて説明する。

○「ような」という言葉づかいがなんとなく変だという疑問を引き起こすことによって、その意味を考えさせていく。

	かる。しかも、かえるの思いを己の思いとして述べていることに、山椒魚がかえるに遠慮がちに深い通じ合いを示していることまで考えさせる。	
(6) 今でも別に、おまえのことを怒ってはいないんだ。	(1) 子どもでもできることだ。(2)今からでも遅くない。 ○他を類推させる表現にかえるが「前から」という思いを示していることが分かる。本文に「激しい口論」という言葉が出ているように、かえるは山椒魚のしうちを怒っていたかも知れない。しかし、「おまえのことを怒ってはいないんだ」ということから、山椒魚の深い通じ合いに答えるかえるのやさしさを読み取ることができる。しかも、それは岩屋という自由のない状況の中で「怒ってもどうにもならない」というかえるの苦痛ややるせなさまでが感じられ、一層岩屋のなかでの嘆息の深さを感じさせるものになっている。「でも」のはたらきが、こういう読みを引き起こしていく力をもっていることが分かる。	○「でも」という助詞がどういうことを類推させるかを考えさせる。
3 付属語のはたらきについてまとめさせる。	3 それぞれノートに学習の感想を書く。	○感想を発表させる。

八　本教材に対する生徒の感想・反応

文法の学習に抵抗を感じている生徒が多い中で、作品（文章）の言葉の取り立て指導が文法の学習そのものを楽しくさせ、その意味を理解させることになったことを以下の生徒の感想や反応から幾分かつかむことができる。

○文法を通してもっとも言葉に接近できるような気がした。
○助詞や助動詞が人物の心情を語る言葉として文脈の中で大きなはたらきをしていることが分かった。
○もし助詞のはたらきや助動詞の意味を考える学習をしなかったら、そのような言葉のはたらきや意味を考えた作品や文章の解釈はできないままに終わったに違いない。
○付属語のはたらきや意味から人物の心情をどのように読み取ればいいのか、その範囲がなかなかつかめなかった。しかし、付属語が人物の心情と深く関連しているなと思った。もっともっと学習時間がほしい。
○作品（文章）の言葉が微妙にはたらいていることを文法を通してみつけることができたような気がする。

2　意味を文脈の中で正しくとらえる（報道・記録）

一　報道記録文取り扱いの座標軸

報道・記録文は、文学的文章とは違って実際生活とかかわったナマの事件や事実を対象としている点で、実用的文章と考えることができる。したがって、何が伝えられ、何が記録されているかを意味をつくりながら明確に読みとり、それを適切に批判できる力を育てていくのが、読みのうえでの眼目になる。

今、仮に、教材の質をａとして、読みのＸ軸を正確性のある読みとし、Ｙ軸を現実性のある読みということにする。この場合、教材の質（ａの形式や内容）にもかかわるが、読みの正確性が増せば増すほど、現実性も増していく関係にある。読みの正確性も自分の文脈で文意をとらえたり、先入観で意味を解したりするのでなければ、現実性においても、書かれている内容の現実性のみならず、書き方の現実性にも立ち入ることができる。

なお、この種の文章は、めまぐるしく移り変わる社会事象や生活体験などの報道・記録だけに速読できることが望まれる。つまり、すばやく知識や情報を獲得して生き方や考え方の素地、素養を身につけていくことにあるのである。

二　教材と生徒との接点

中学一年期の生徒は、好奇心が、行動的でモノやコトに対する知識欲という形をとってあらわれてくる。言語的にはだんだん概念的、抽象的思考がめばえるころであるが、ことばそのものに対する関心や注意力がまだ十分とはいえない。したがって、知識欲にことばへの関心・意識をめばえさせることが肝要である。

この種の文章は、迅速な伝達が目的の一つにあって、表現が極度に省略され、凝縮され映像的にしくまれている。つまり、視覚的に伝達内容がすばやく読めるよう工夫されるのである。それだけに、意味の正確な読みを伝達のしくみと文脈のうえから位置づける必要がある。

題材としては、政治や経済に関したもの、高度な科学用語を使った専門的なものは、語いのうえで困難をともなう。報道文では、社会事象や日常生活での話題（トピックス）などの記事、記録文では、観察・実験・調査・見学記録などが興味をそそり、生徒との接点になるであろう。

三　指導の場の設定

報道・記録文はともに事件や事実に密着した内容の文章だけに、事実からの距離の遠い文学教材（とりわけ小説）とのおりなしが大切である。今、一学期に文学教材ののちに記録文の読解をやったとすると、二学期は報道文の読解をやって文学教材を読むというふうにしくめば、ジャンルにおけることばの伝達の機能をより明確に指導することができる。

報道文、とりわけ新聞における報道記事は新聞の実用的読解の中核（連載小説・社説・論説・文芸時評・各種解説などは含めない）を占めている。したがって、社会的に大きなニュースがあったときとか、ある事件が継続的に報道されるときとか、あるいは、学校新聞が発行されたときとかを使って、その読解に処することが効果的である。記録文は、夏休み、冬休みなどの長期的な休みの前に与えて、自然や生活の記録の眼を養っておくと、書く領域とも結びついてその実を上げることができる。

指導の実際として、報道文の場合は、実物の新聞を使って数種の新聞の切り抜きを教材にするとか、ある特定の新聞の継続的な切り抜きを教材にするとかがニュース価値も高く効率的である。この場合、指導上好ましくない報道のあった日のものはさけたほうがよい。

記録文の場合は、教材に出ているデータとか実験とかに似た資料を持ち寄らせれば、それらの資料が文脈の中でいかなる意味を持っているか、また、その資料で何が記録されているか、対照的に認識させることができる。

四　指導の実際（その1）

1　単元名「報道文」

①　二一〇〇年前の貴婦人墳墓（中国が写真公表）

> 約二千百年前（西漢初期）の古墳が中国の長沙市郊外で発掘され、女性の死体がほとんど完全な形で発見された、と三十日の北京放送が報じたが、新華社は三十一日、その写真を発表した。発表された写真には、死後間もないようにさえ見える女性の死体を始め、内棺の上をおおっている絹の絵、うるし塗の外棺などが写っている。保存状態が非常によ

いことに、日本の専門家も驚いている。……以下略。

（昭和四十七年八月一日　朝日新聞〈夕刊〉）

②　オオハクチョウなつく――実った保護運動（大湊湾）

全国の野鳥が次々と姿を消していくというのに、青森県むつ市大湊湾では、オオハクチョウが地元民の保護ですっかり人になれ、人を見れば集まって首を伸ばす。警戒心の強いオオハクチョウがこんなに多くの人になついたのは全国に例がないと、関係者たちは鼻高々。

波の静かな大湊湾は、昔から北国の水鳥にとって格好の越冬地。戦後の食糧難時代にはオオハクチョウをとる者があとを断たなかったので、飛来数は減る一方だった。ところが三十年以後は、地元あげての保護運動が実り、三十一年には三百五十羽ほどだったのに、五年前からは毎年本州最高となり、ことしも七百七十七羽が記録されている。

この保護運動は、子どもから老人まで全市民に行き渡っている。下校の児童が、給食のパンくずを与える、ひとかかえものリンゴの皮を、主婦が投げる、こんな光景は、湾内のいたるところで見られる。

（昭和四十七年版　光村図書　中等新国語一）

2　単元について

(1)　趣旨

日常生活において新聞が占める知識・情報源としての役割は極めて大きい。特にテレビやラジオの速報性や表現性に比べて詳報性を備え、認識を正確かつ詳密にできる。それだけに、新聞は自ら読むという積極的な心構えを必要とする。しかも、記事に対しては自由に批判でき、取捨選択して必要なものは、簡単に切り抜き保存することもできる。

さらに、新聞における報道の迅速かつ的確な獲得は、視野を広め、社会への適応能力を高めるばかりでなく、新しい生活創造意欲を育てる素養にもなる。

(2) 位置

報道文のパターンが割合はっきりしているので、説明・論説文読解の基礎技能として筋道・要点・要旨・構成の学習ののちに位置づけ、速く正確に読む指導をしたほうが効果的である。その後、思索的な随筆や論説文を持ち込むと連読に加えて、問題意識の喚起が容易である。

(3) 教材の特質

①の教材は、報道文とはニュース性が高く常に新しいものであることを表す例である。②のは、教科書教材の一つで、日常の話題（トピックス）報道の例である。そして、ともに、報道文の文体とニュース記事の構成を備えた文章の例である。

(4) 生徒の実態

未知なもの、神秘なものに対する興味が強く、想像力も豊かである。しかし、語い力が乏しく、文脈における意味把握が十分でない。よって、書かれていることばを通して意味を考えさせる努力が必要である。

3 指導の目標

① 新聞の種類、一般的性質、製造過程などを理解させる。

② 新聞記事の種類・記事の特色、文体の特色（体言止め、略語敬称、文語調、助詞および助動詞の省略）などを理解

させる。

③　新聞記事の構成（見出し、リード、本文）の三段構えを理解させる。

④　文脈を通して部分の意味、全体の意味をとらえさせる。

⑤　書かれている内容をすばやく的確にわかるようにさせる。

4　指導計画（7時間）

（時間）　　（めあてと指導内容）

第一時　新聞を持ち寄り、そのはたらき、性質、記事の種類、記事の特色、文体の特色、ならびに製造過程について考える。

第二時　報道記事を対象に表記上、表現上の特徴をつかみ、意味の正確な読みをする。

第三時　教科書教材を読み、見出しの性格をつかみ、報道文の構成を考える。

第四時　一つの事項について日を追って記事を集め、報道文の性質をつかみ、速読できるようにする。

第五・六時　グループごとに報道文を書く。

第七時　まとめと評価をする。

5　指導の展開（用紙の関係で第2時、第3時を中心に抄出し、他は略記する）

〔第一時〕

①　本時のねらい　新聞の役割、性質、記事の特色を理解する。

②　学習指導の展開

指導事項	学習活動	指導上の留意点
○学習の目標を確認し、学習計画を立てさせる。	○持ち寄った新聞で、その役割、性質、特色をグループで話し合う。	○中央紙、地方紙を持ち寄らせる。 ○学習項目を明らかにす。

〔第二時〕

① 本時のねらい　報道記事の表記上、表現上の特徴がわかる。（教材①）

② 学習指導の展開

指導事項	学習活動	指導上の留意点
1　報道文がニュース性の高いものであることをわからせる。（コピーを使った教材①の場合）	○記事を読んで感想を発表する。	○報道文が論説・説明・解説文などとどう違うか発表させる。
2　表記上の特徴をわからせる。 ○文字の大小 ○文字の形態	○気がついていること、気づいたことを発表し合う。	○新聞部の生徒かその方面に得意な生徒に言わせる。 ○新聞に使われる文字の資料を出す。
3　表現上の特徴をわからせる。 ○体言止め……墳墓 ○略語略称　中国 ○助詞の省略	○グループをつくり話し合う。 ○グループで話し合ったことを代表が発表する。	○疑問点や問題点も出させる。 ○体言止めの表現効果に気づかせる。 ○正式名は「中華人民共和国」であることを押える。

貴婦人の｜ ○文体 常体		○他の例を出す。 ○意見のない客観表現に気づかせる。
4　表現形態の特徴をわからせる。 ○簡潔表現から詳密表現へ 　写真公表→写真には、写っている。 ○部分の意味 　日本の専門家→（発掘）→考古学者、（絹の絵、うるし塗の外棺）→美術史学者 ○全体の意味　保存状態が非常に良いことに……驚いている。→（それほどすばらしい。） ○言い換えによる同義語表現 　墳墓→古墳 ●註釈表現 　二一〇〇年前→（西漢初期）	○見出しだけで想像したことと、本文を読んだ後に想像したこととの違いを考える。 ○ことばの意味を文脈の中からみつけ出す。 ○客観的表現を通して語られている意味をさぐる。 ○辞書を引きたしかめる。 ○日本の歴史と比較し、歴史的事件を話し合う。	○活字の大きさ小ささからも考えさせる。 ○全文を読み通し文章の流れをつかませる。 ○想像だけでなく文章中のことばを押えさせる。 ○細部にとらわれず、報道されている中心は何かに目を向けさせる。 ○難語句があれば意味を想像させる。 ○文脈の中では同義であることをわからせる。 ○イメージの乏しいことばの取り扱いの例として上げる。
5　報道文の特徴をまとめさせる。	○本時を想起しながらノートする。	○本時をふりかえるような形で発表させる。

〔第三時〕

① 本時のねらい　報道文の構成がわかる。

② 学習指導の展開

指導事項	学習活動	指導上の留意点
1　見出しが書き出し文にあることをわからせる。 （教科書教材②の場合） 見出しは、「全国……伸ばす。」の文から選ばれている。	○見出しが本文のどこと関係が深いか考える。	○重要なことがら（見出し）が簡潔に書かれ、それが文のはじめから選ばれていることに気づかせる。
2　難語句を文脈・構成からわからせる。 ○保護運動	○難語句を出す	○意味を文脈、構成から想像させる。 ○どこでだれがなにを、どのように、なぜ、どうしたを押える。
3　五W一Hをとらえさせる。	○文章中にしるしをつける。	
4　ニュースは三度語られるということをわからせる。 ①…見出し ②…第一段落（普通は、リード） ③…第二、第三段落	○見出しと本文の各段落の内容とがどう関係しているか考える。	○簡潔な表現、詳しい表現、より詳しい表現になっていることに気づかせる。 ○見出し（大見出し、小見出し）リード、本文の記事の例を出す。

5　報道文の構成についてまとめさせる。	○図示してまとめる。	○難語句の意味把握に文脈・構成がどう影響したか。

〔第四時〕

①　本時のねらい　見出しの性質をつかみ、速読できるようになる。

②　学習指導の展開

指導事項	学習活動	指導上の留意点
1　事件や話題の伝達が見出しに集約されていることをわからせる。	○見出しで省略されていることばがあれば補う。	○文章の性質がストーリーにあるのではなく、何が、に重点があることを押える。
2　記事を使ってできるようにさせる。 ○漢語表現 ○文末表現 ○各段の第一文を読ませる。	○記事資料集を読む。 ○時間内で読んだ内容を話す。	○事実を想像させながら意味を読みとらせる。 ○記事資料集を与え、時間を区切って読ませ、内容を言わせる。

〔第五・六時〕

①　本時のねらい　報道文が書けるようになる。

②　学習指導の展開

指導事項	学習活動	指導上の留意点
○学校生活に話題を求め報道文を書かせる。	○グループごとに話し合って書く。	○半紙型の新聞を作らせ、でき次第コピーをとって評価の対象とする。

〔第七時〕（略）

6 評価と練習

① 次の報道文を読んで、見出しA・Bを書け。

A

B

体長三・六メートル、二つのコブ

【ネス湖（スコットランド）一日＝ロイター】ネス湖の怪獣「ネッシー」が再び写真にとられた。写真によると、二つの黒いコブと一つのひれがあり、フランク・サール氏（四〇）が撮影。同氏は過去三年間ネス湖のほとりにテントを張って暮らしてきた。

サール氏は、未明から夕方までの見張りでこれまでに十七回ネッシーを見たと主張、「その生き物は八十メートル沖に現われ、長さ約十二フィート（三・六メートル）だった」といっている。

（昭和四十七年九月二日　朝日新聞〈朝刊〉）

〈解答〉A　ネッシーを写した　　B　三年間粘ったサール氏

② 報道文（教材②）の漢語（字）を適当に抜き出して本文を復元させる。

（例）全国、野鳥　次々　姿……

③　物語形式の文章を報道文に書きかえさせる。

（例）ウサギとカメの話を報道文にせよ。

五　指導の実際（その2）

1　単元名「記録文」

フシダカバチの秘密　アンリ＝ファーブル　古川晴男訳

フシダカバチの生活全体について考えてみよう。地下の子どもべやに何匹かの獲物をしまい込み、その獲物に卵を産み付ける。やがて、卵からかえった幼虫は、その獲物を食べて育っていくわけだ。ちょっと見たのでは、この食糧をたくわえることはなんでもないようだ。しかし、よく考えてみると、これは非常にむずかしい。

なぜかというと、幼虫のえさが本当に死んでしまわず、えさの内蔵はいつまでも生き生きと新しくなければいけないからだ。もし、母バチがゾウムシを刺し殺してしまったとしたら、内臓はじきに腐り、それを食べた幼虫は中毒を起こして死んでしまうだろう。そうかといって、生きたままのゾウムシを子どもべやに持ち込んだら、卵や卵からかえったばかりのからだのやわらかい幼虫は、がんじょうなゾウムシに踏みつぶされるかもしれない。だから幼虫の食物は、生き生きとしていながら動かないものでなくてはいけないわけだ。

こんなきれいな殺し方（本当は殺してしまうのではないが――）をしろと言われたら、わたしたちは困ってしまう。なにしろ、ゾウムシは頭をもぎ取っても長いこと手足を動かしているような、生きる力の強い虫なのだ。それなのに、「幼虫にとって必要なのは、死んだものではなく、生きているけれど、もう動かない獲物なのだ。」などと言われたら、いったいどうしたらよいだろうか。
「それなら、ますいをかければよい。」と考えつく人がいるにちがいない。そうだ。まさしくそれである。殺さないで、しかも動かなくするには、獲物にますいをかける――つまり、しびれさせてすべての感じをなくしてしまえばよい。とにかく、場所をよく選んで、虫の神経器官を傷つけ、こわしてしまえばよい。フシダカバチの狩りの秘密は、実にその点にあったのである。

（昭和四十七年版　光村図書　中等新国語一）

2　単元について

① 趣旨

絶えまなき変化と進展のある社会事象や自然現象の真相を究めたり、それらに適応したりするに当たって、記録文の与える役割は大きい。日ごろ現象的表面的にのみ見て、本質的科学的に見ていないもの、不思議に思いながらも解決の手だてのわからないもの、そうした生活感覚に論理的思索や行動などの道筋、問題解決の着眼点などを記録文は教えてくれる。

② 位置

中学校最初の説明文教材として、全体の組み立てや筋道から語句の意味を考え、二年生での文章構成意識や三年生での論理意義を高める出発点として位置づける。できるならこの学習の後に、文学教材を持ち込むと文章機能の違いを明確に認識させることができる。

③ 教材の特質

日常生活の中で不思議さに出会う。その不思議さを解明していく過程が克明に書きしるされた観察記録文である。特に疑問解決の推論が感想や意見を交じえてなされているので、ものを考えていく手だてが実によくわかる。

④　生徒の実態

観察、実験、調査・研究、見学、読書、会議記録などの中で、とりわけ観察、実験記録に興味を持っている。語句（専門語・述語）把握は極めて辞書的であるので、文脈の中でとらえさせていく努力が必要である。

3　指導目標

①　記録文が生活の改善や発展、真相の解明のよりどころになっていることを理解させる。
②　自然や社会の見方を緻密にし、筋道立った考えができるようにさせる。
③　自然や社会や生活の話題や疑問を記録できるようにさせる。
④　語句の意味を事実と結びつけて考えることができるようにさせる。

4　指導計画（6時間）

（時間）　　（めあてと指導内容）

第一時　作者と作品についての知識を深め、通読し、難語句を調べる。
第二時　文章全体の組み立てを図示し、筋道をとらえる。
第三・四時　文書全体の組み立ての部分、部分での文脈をとらえ要点を明らかにする。
第五時　文章全体と組み立ての部分との関係を明らかにし、要旨をとらえる。
第六時　まとめと評価をする。

5　指導の展開（以下用紙の関係で、本題にかかわった第四時分のみを抄出する）

〔第四時〕

① 本時のねらい　フシダカバチの狩りの秘密がわかる。

② 学習指導の展開

指導事項	学習活動	指導上の留意点
1　前時の学習でフシダカバチの秘密をとくカギがどこにあるかを確認させる。 ○ハチは、針を刺す場所を教えてくれた。	○前時の学習のまとめを小さな紙切れに全員書かせる。	○秘密をとくカギであって、ナゾが解決されていないことをはっきり押える。
2　フシダカバチの生活全体を読みとらせる。 ○地下の子どもべやに……卵を産み付ける。	○本時の本文を通読する。	○子孫繁栄に生活全体がかかわっていることを確認する。
3　フシダカバチの獲物が、何になるかを使用語から読みとらせる。 ○獲物＝食糧＝えさ＝えさの内臓＝食物	○獲物の辞書的意味、自分が考える意味を発表する。	○獲得の「狩や漁でとれたもの」という辞書的意味ではなく、文脈からそれと同意語を選ぶようにしむける。
4　きれいな殺し方の意味を使用語句から読みとらせ	○「きれいな」といわれる内容がどこにあるかを考える。	○フシダカバチの秘密にせまることところだから、意味内容を正確に読みとらせる。

る。 ○生き生きとして動かないもの。 ○死んだものではなく……動かない獲物		
5　フシダカバチの狩りの秘密をわからせる。 ○虫の神経器官を……こわしてしまう。	○代表二名がフシダカバチの狩りの秘密を板書する他はノートに書き出す。	○人間の医学的処置に近い方法で獲物をとらえているところに目をつけさせ、ハチの本能的な生活の知恵を感じとらせる。

6　評価と練習

① 次の記録文を読んで、あとの問いに答えよ。

ハチはすぐに気がつき、闘いが始まった。ハチは強い大あごで、いきなりゾウムシの長い口先をくわえ、びくともしないように押えつける。ゾウムシは、足を突っぱっている。ハチはゾウムシのからだの節が開くように①（　）前足で②（　）背中をぎゅっと押す。それと同時に、③（　）腹の先をゾウムシのからだの下にくぐらせて、④（　）先をぐっと曲げ、前足と中足の間―前胸のまんなかの合わせめに、二三度くり返して針を差し込む。またたく間に、すべてがすんでしまった。（「フシダカバチの秘密」より）

〈問一〉傍線の語①②③④がハチの場合はA、ゾウムシの場合はBを（　）に記入せよ。

〈問二〉傍線の「からだの下」とは、くわしくいうとどこか。

〈問三〉描写されているのはどこからどこまでか。

② 何か一つ実験を含めた記録文を書け。

Ⅳ

学習反応を生かす——説明的文章

1　説明文教材の読みの学習反応のとらえ方
――「1たす1は2にならない」（三浦つとむ）――

一　子どもの反応を重んじるということ

パウロ・フレイレは「伝達か対話か」（亜紀書房・昭和五十七年）の中で「教育は伝えあいであり、対話である。知識の伝達などではない。それは語りあう主体相互の出会いなのだ。それぞれの頭のなかにある考えを、おたがいにとって意味あるものたらしめようとする努力なのだ。」と言い、「〈考える〉という言葉は、いわば複数の主語が共同して目的語をとる動詞とみることもできるのであるから、その動詞が意味しているある対象に対するはたらきかけは、複数の主体の共同行為ということになるだろう。思考する主体は、ただ一人では思考することはできない。ある対象について考える行為において、主体は、他の主体がともに参加することによってはじめて、思考を行うことができるのである。」と対話と思考の点から教育としての授業を問い返させる視座を突きつけている。

日常、ともすると文化価値の伝達継承の名のもとに、教授過程に力が入りすぎて、授業が伝達と知識の詰め込みに陥り、知識の貯蓄と押しつけ的思考侵略が先立って、子どもの共同行為としての対話や思考活動を捨象していることはないであろうか。子どもの反応を重んじるということは、一つの認識対象の前で、短絡反応やできあい（先入観による）反応、さらに、何をどう判断していいか判断のつきかねている混迷反応など、多様な反応を鳴り合わせ、響き合わせて、対話に満ちた、深い思考を生み出す学習過程を組織化していくことである。

もともと学習とは、持ち合わせの異化作用であり、特に異質な反応との出会いによって既成の感受性を拓き、一見無価値に等しいと思えたものの中に意味や価値を見出し、より高次な問いを深める行為だともいえる。

こう考えてくると、授業とは、何かを教え込むことではなく、教師と子どもが一つの認識対象の前で、ともに認識の主体となる行為である。子どもは、教材に対して発見や驚きや疑問をもつ反応の主体であり、教師は、教材に対する確たる認識の主体である。しかし、教師にとって、子どもの反応が未知の領域に包まれているという点で、逆に子どもの反応から教師の主体性が脅かされる形をとる。こうしたいわゆる子どもの挑発的な反応をくみとったとき、何よりも教師の教材に対する認識の変容ができ、その感動をもとに、対象である教材認識に新たな生命の吹き込みができる。そこから予期できなかった対話と深い思考が生まれ、教師は、子どもに新しい姿を発見していくことにもなる。

二　説得の論理から納得の過程への組み変え

国語教育の動向として、教材至上主義的な考え方や学習のよりどころを生活経験に求めてきた経験主義の国語科指導の成果は、それなりに評価することができる。しかし、生活をどう見、どう認識していくかという点からの言語教育が十分達成されてきたかどうかの疑問が残る。

今、子どもの言語能力や認識力の育成という点から考えると、とりわけ説明的文章において、説得の論理を読むことが先行し、認識過程としての納得の過程からの実践的取り組みが十分なされているとはいえない。

もともと文章を読むという行為の中には、多少のできあいや短絡反応がつきまとうし、共感や反論、さらに、疑問を交じえながら、読み手は書き手の論理に迫る。そして、それが反論や疑問に耐え、それ以上に説得性をもって、読み手の反論や批判を越えたときに、読み手は納得の心情に浸ることができる。つまり、読むという行為は、読み手が書き手の論理と対決しながら、先行認識をのり越え、新たな認識を獲得していく活動で、その新たな認識をはかる力こそ国語の力として育成していくことでなければならない。また、そうした言語能力や認識力をつけるには、それにふさわしい教材の選択をしなければならなくなってくる。

ところが、実際完璧な説得の論理を備えた教材を求めるのは不可能に近い。だからこそ逆に完璧でないが故に、学習の対象として、読み手の納得の立場から書き手の論理を学びとっていくということも可能になってくる。したがって、子どもの認識過程としての学習過程をしくむことによって、納得の過程を重んじた言語教育をしていくこと、そうした授業の組み変えが、子どもの反応を重視した授業づくりの基点になってこなければならないと考える。

二　納得の過程として説得の論理を読む

納得の過程を重んじた指導を学習過程としてしくんでいくことは、書き手の説得の論理を思考のふるいにかけて吟味していく活動を設定することである。そこで、納得の過程に次のような活動を組み込んで実践に当たった。

1　教材に対する共感→疑問→反論→納得→批判の過程を基本サイクルとして、書き手の論理に迫る

納得の過程を重んじることは、子どもの学習過程を柱とした子どもの反応からの指導過程だということになる。次に、各活動の解説と反応の典型化の問いを挙げることにする。

共感……なるほど、なるほどもっともだ。自分にも思い当たることがある。

疑問……はて、そうかな。そう言えるのかな。どうも変だ。

反論……いやいや、そんなことはないぞ。こんなことだってあるし、こんな考え方もできる。

納得……全くだ。そのとおり、うなずける。

批判……確かにそう考えることだってできる。しかし、こんな問題点が残るし、もっと考える余地がある。


こうした過程を経て、最後に納得の過程の異化作用として、「自分の今までのものの見方や考え方に、どのように新たな認識を加えることができたか。」を問うことで、学習反応を典型化していくことにした。

また、個々の子どもの学習反応を学級全体のものとして押し広げていく手だてとして、次の点を教師の配慮事項として、授業の中に反映させていくようにした。

① 異質な反応、つまずきの反応と考えられるものを全体に投げかけ、書き手の説得の論理にからませ、そこからより確かな意味、あるいは、新しい意味を見つけ出させる。
② 反応に対する別の反応を突き合わさせ、納得の過程を書き手の論理や表現に還元させることによって、より確かな言語認識力をつける。
③ 学習資料や班学習を通して、子どもの多様な反応を集約し、それを精選分類し、全体に問いかけることによって、反応の理由や根拠を確かめさせ、納得の過程を吟味させ、評価意識を高める。

2　基本サイクルを生かした指導事例

「言語と生活」という単元の補助教材として、「1たす1は2にならない」（三浦つとむ・国土社・昭和五十六年）という文章を使った中学校一年生の学習の場合である。

補助教材導入のねらいは、わたしたちが日常使っている言葉（「砂糖の味をどう表現するか」「方言の息づかい」）について、改めてふり返り、考えてみることの発展として、既知のこと、確かなことと考えの対象に置かなかったことを、知的に揺がせ、衝撃的な驚きをつくることによって、実際と言葉の世界との関係に目を向けさせようとしたものである。そこから、本当にわかるということ、つまり、抽象の世界を現実の世界に移動させて認識していく力をつけようとしたものである。そこで、読み手の納得の過程を学習活動の中心にすえて、書き手の論理と対決させ、対話を喚起し、思考を促し、学習を異化させていく授業を次のように実践した。

次は、授業過程と子どもの反応の例である。

学習活動	指導上の留意点	反応
1 「1たす1は」の問いに対する答えを出す。	○カードを見せる。 ○出てきた答えをすべて板書する。	○2である。 ○11である。 ○41である。 ○王である。
2 「1たす1は2にならない」という判断に対して思ったこと感じたことを発表する。	○カードを見せる。 ○思ったこと、感じたことの発言のすべてを板書する。	○なぜか。 ○そんなことはない。 ○今までしてきた学習がくずれる。
3 教材プリント「1たす1は2にならない」を読む。 読みながら、次のことを記入する。 ○共感……───線を入れる。 ○疑問……〰〰線を入れ、そのわけを余白に書く。 ○反対（反論）……═══線を入れ、その	○書き手は、読み手を、説得し、納得させることをねらっている。疑問や反論があるようだが、はたして納得できるであろうか、と動機づけて教材を配布する。 ○読みながら、読みの反応を記入していくように、カードで説明し、指示する。 ○机間巡視をして個人指導をする。 ○特に疑問や反対（反論）、批判などがどんな	○沈黙の作業がつづく。 ○記入の仕方に関する質問が一～二名から出る。

わけを余白に書く。 ○納得…□で囲み、できるだけわけを書く。 ○批判…余白に自由に書く。	ところに向けられているか、注意して巡視する。 ○反応記入に、時間を要している者には、質問をして反応を引き出すように配慮する。	
4　教師の範読を聞き、反応を吟味する。	○ゆっくり読み聞かせ、新たな反応、ならびに、反応の修正をメモさせる。	○反応を書き加える者、修正する者数名出る。
5　語句の意味を考える。 （以上、第一時）	○「抽象」↔「具象・具体」、「捨象」を「人間」を例にして解説する。	○うなずきの反応出る。 （共感例）
6　「納得」という点から、共感→疑問→反対（反論）を発表する。	○同一反応者の人数を挙手で確かめ、わけを発表させる。 ①　異質な反応、つまずき反応を取り上げる。 ②　一つの反応に対する別の反応を突き合す。 ③　多様な反応を整理分類し、それぞれの理由、根拠を聞く。	○5－1＝0となること。 （疑問例） ○どうして1＋1＝2にならないことを問題にしたのか。 （反論例） ○人の名まえが変わるということ。
7　納得→批判を発表し、新たな認識を得たこと「1たす1は2にならない」ことについて作文し、話し合う。 （以上、第二時）	○米に水を、水にアルコールを加える例、地図と現地、数学と実際の例から語られていることとは何か。もう一度よく考えさせる。	○5－1＝0となるということ。 ○現実問題としてはわかるがすべてではないということ。

なお、学習反応を学習に組み込んでいくために、各時の終わりに、次のような「国語学習理解・納得カード」を渡し、上下を線で結ばせ、学習評価として、次時の指導に備えた。

〈学習反応〉	
(1) 理解することができ、納得できた。 (2) 理解することができたが、十分納得できていない。 (3) 理解できないところがあった。	

〈学習内容〉	〈メモ〉
○漢字の読みや意味……	
○文章の要点・要旨……	
○文章の論理…………	
○語句の解釈や意味……	
○友達の発言や質問……	
○先生の発問や説明……	

そして、次時の最初に、〈学習反応〉の(3)「理解できないところがあった。」にかかわる〈学習内容〉を〈メモ〉に従って指導を加え、さらに、(2)「理解することができたが、十分納得できていない。」ところも取り上げ、補足指導を加えた。

最後に、この指導を通して、新たな認識を加えることができたという学習反応例と「1たす1は2にならない」という作文例を紹介して、実践の報告とする。

① 認識に関する反応例

初め題名を見たときは「ばかばかしいなあ。」と思っていました。でも、読んでいくうちに「なるほどなあ。」と思ってきました。今まで1＋1＝2ということを深く考えたことはありませんでした。1＋1＝2ということを考えたのは初めてでした。

今までは、あたりまえのことはあたりまえだと思っていました。でも、あたりまえだと思っていたことでも、ちがうことがあるのだなあと思いました。そして、「1たす1は2にならない」という現実があるということから、かえって1＋1＝2であるという意味がわかったような気がします。

②

「1たす1は2にならない」作文例

みなさん、1たす1はいくつになりますか。きっとあなたは、2であたりまえじゃないか、ばからしいなんていったりするでしょう。けれども、1たす1は2にならないのです。うそだというあなたは知っていますか。

たとえていってみると、にわとりがうんだ卵が5個あります。それから1個とってくると、5－1という式ができます。これは、4ではないんです。みなさん不思議に思うでしょうが本当です。その卵からひよこが一羽からをやぶって出てきたのです。だから、5－1＝3になります。

これは理くつをならべているようですが、このように、実際は、1たす1は2にならないのです。

1＋1＝2というのは、数字のやくそくで、実際ではなく、抽象的であると考えなければいけないのです。

四　子どもの反応への反応

伝達から対話の授業へ。そこには、子どもの反応を対話と思考へいざなう教師の豊かな感受性が必要であろう。同時に、子どもの多様な反応を集団の高まりのある深い問いにしていく手順と組織化をぬきにすることはできまい。個々の子どもの反応を有機的に関連づけていくような反応の鳴り合わせ、響き合わせは、他ならぬ教師が演出的役割を果たし、子どもの認識者として納得の過程を重んじる創造的反応の反響板になることである。

2　生活記録教材「『うつ』の経験」（国分一太郎）

生活とは、経験の連続であり、積み重ねである。そして、それは言語化されることによってはじめて意識化される。

子ども時代というのは、経験の集積に夢中になり、それを相対化して考えることは少ない。したがって、生活経験を言語によって事実化し、対象化することが自己を知り、自己を認識していく学習になる。とりわけさまざまな生活経験に意味を問う生活記録は、経験を事実として相対化し、自己認識を迫らせるばかりではなく、経験を書くことへのいざないにもなって、自己への問いを深めさせる格好の教材である。

もともと生活記録というのは、非言語の生活体験までも言語化の対象に置いて、生きてきた過程や成長を実感させ、今からの生活や文化のあり方を問う意識や人間としての生き方を喚起させるものである。

以下、生活記録教材「『うつ』の経験」（国分一太郎・昭和五十六年版　学校図書　中学校国語一）の教材化の視点とその指導研究について述べることにする。

一　教材の研究

手にはいろんな可能性が秘められている。くぎを「うつ」というのも手の可能性を開いた手の文化の一つの行為である。

いったい子どもの世界におけるくぎを「うつ」経験はどんな形で行われてきたのだろうか。そして、それは子どもに何を培ってきたのだろうか。子どもの好奇心の対象となったくぎを「うつ」ことを、書き手は自分の生活経験を回想的記録的に書きつづることによって、その意味をしなやかさという点から問いかけを迫っている。

そこで、この作品の読みの核とすべきところを項目的に解説すると次のようになる。

1　文章展開の過程を読む

説明的文章において、何がどのように書かれているかを正しく理解するために、文章展開の過程の図式化が考えられる。今、この作品の形式段落1～19までを図式化すると、

1―2―3―4 {古くぎをたたいてのばす……→13―14―15←……のばした古くぎ / 何かに打ちつけてみる……5―6―7―8―9―10―11―12←……何かに打ちつける} 16―17 このような過程を経た後「うつ」「ぶつ」は、完全とは言わぬまでも、しだいに確かなものとなった。―18―19

となって、5～12はくぎを打つ順序、13～15はくぎをまっすぐのばす過程になっている。

そこで、この文章展開の過程と学習のてびき（要点を述べる）との関係を示すと、次のようになる。

○学習のてびき一（読んで感じたことを、経験をふくめて話し合おう。）……1～19
○学習のてびき二（(1)「テッパズレ」をなくすくふう　(2)古くぎののばしかた）……(1)は10　(2)は13
○学習のてびき三（子どもに、早くから、新しいくぎを打たせない大人の配慮の理由）……12
○学習のてびき四（くぎを「うつ」ことが「しだいに確かなものになった。」過程を箇条書きにしよう。）……5～15

○学習のてびき五（物を作った経験をふり返り、失敗やくふうを話し合おう。）……[1]〜[19]の発展となる。

2　生活経験を見直す上での表現上の特徴を読む

記録の表現上の特徴を事実やその事実に対する判断、さらに、語法や文章展開等に目をつけて析出していくと、

①　打たれたくぎに「着物も、袋も、農具も、のら着も、わらじも、すげがさも、何もかもぶら下げてある。」といって、くぎの重宝さを示している。

②　「うつ」「ぶつ」の辞典上の使われ方と書き手が生まれた地方での表現を紹介している。

③　書き手の「うつ」経験を紹介している。

④　くぎを打つときと曲がったくぎをのばすときの様子を歴史的現在（形式段落[6]・[9]・[18]）で表現している。

⑤　写真や図示による表現をとっている。

⑥　子どもが「うつ」「ぶつ」を確かなものにしていく過程を示している。

そこで、まずくぎを確かに打つまでの順序を段落番号で示すと、

[2]くぎを打つことは、子どもに、あまり許されていない。

[3]くぎを打ちたい。新しいくぎを打ちたい。何かに打ちたい。何かを作るために打ちたい。

[4]古いくぎを、石の上で石でたたいて、まっすぐのばし、何かに打ちつけてみる。

[5]この「うつ」ほど、子どもに容易に身につかないものは、めったにない。

[9]そこで考えてみる。……と、それが「見当はずれ」になる。「テッパズレ」となる。

[10]それではこうしよう。子どもは考える。……まったく張り合いがない。

[11]しかし、……ぎこちないくぎの打ち方を、子どもは、やはりしてみなければならなかった。……次のもっと巧

みな、しなやかな、……力のこもった、正確な打ち方にたどりつかなければならなかった。つまり空間の感覚を、視覚を用いて身につけることから始めなければならなかった。そのうえで……脳髄と神経の命令に従わせて、動かし振り下ろす技巧を、我知らぬうちに自分のものにしていかなければならなかった。

次に、くぎをまっすぐのばす過程を段落番号で示すと、

12 この点で、子どもに、早くから、新しいくぎを打たせないという大人の配慮は、確かに適切であったようだ。

13 古くぎ、折れくぎ、くされかかったくぎを拾ったとき、子どもたちは、それを、まずまっすぐにのばさなければならなかった。……石の上か板の上かに一本ずつ曲がりくぎの彎曲部のでっぱりを上にして、だましだまし、静かなたたき方をする。

14 さて、そこからまた、子どものくふうは始まった。……木の板の上で静かにたたくと、まんべんなくまっすぐになる。

15 このような「だまし、だまし」は、子どもたちを……しだいにかしこくしたし、しなやかにもした。

16 これは、……何かに打ちつけるときにも役立った。……

こうしてのばした古くぎは、静かに静かに打たねばならなかった。ときに、その方角さえも変えて、打たねばならぬ。そして、曲がらないようにしなければならぬ。古くぎ打ちは、このように、子どもたちをさらにかしこくしていった。

このような過程（5～12　13～16）を経た後、「うつ」「ぶつ」は、しだいに確かなものとなったのである。

語法上の特徴として、傍線の「……なけれ（ね）ばならなかった。」「……なけれ（ね）ばならない（ぬ）。」という文末表現が多く出てくることである。

これは、「うつ」「ぶつ」を確かなものにしていくには、どうしても必要なこと、またそうしなければ、くぎを「う

つ」「ぶつ」は確実に身につかないのだという、書き手の回想的な体験から割り出された認識の結果だということができる。

⑦　まねによるくぎ打ちの上達への歩みが示されている。

大工たちは、初め静かにたたき、やがてくぎがいいかげん食い込んでいったとき、力を込めて強くたたく。おしまいのところでは、縦の振幅の少ない、余裕のあるたたき方をし、やがていちばんしまいには、「おさめ」とでもいうべき荘重な一たたきをする。

大工のこのたたきおさめを、子どもがまねをするようになったころ、くぎ打ちは上達への歩みを、一歩も二歩も進めたことになる。

3　書き手の生活記録に重ねて自己の生活経験を記録的に表現するために読む

子どものほとんどが幼稚園から小学校にかけてくぎを打つことを体験している。それは言語化される機会を得ないままになっているが、そうした体験を表現に転換させることによって、自己の成長の証明として意味化し、自己認識を深める対象にさせたいものである。

つまり、書き手の「『うつ』の経験」に自己の体験を重ねることによって、自己の手にかかわる体験を再現的に表現し、かつ、認識していくための読みとして、この教材を位置づけていきたいものである。

そこで、補助教材として、昭和五十六年版 光村図書 国語二の「手の文化」（金子厚男）、「法隆寺を支えた木」（小原二郎）をくみ込んで、「手と遊びと文化」を表現する生活文学習として単元をしたてる。

ここで大事なことは、自分にとって生活とは何か、その中でしなやかさを身につけるということはどういうことか、学校の教室空間での学習にとらわれない、広い意味での学習という点から、遊びと学習、子どもの世界と成長を考えることである。つまり、制度化され、規格化された既成の学習観や成長観から離脱して、暮らしを見る目を養い、非言語の世界を言語化し、記号化していくことを通して自己確立の力をつけていく教材として、「手と遊びと文化」の単元を実現していくことである。

二　指導目標

1　能力目標

① 文章を読み通し、表現に即して要旨をとらえることができる。
② 文章に表われているものの見方や考え方をとらえることができる。
③ 文章全体の組み立てや筋道をとらえることができる。
④ 生活を見直し、生活体験を表現することができる。

2　価値目標

① 日常生活における遊びや仕事の中に生きるうえでの意味を見出すことができる。
② 自己の生活体験を記録的に書くことによって、自己認識を深め、自己確立の力をつけることができる。

三　指導計画

第一次　題目から予想されることと「うつ」ことで思い出すことを話し合ったのち、通読し、共感した

ことをノートに書く。……………………………………………………………一時間
第二次　通読し、共感したことを発表し合い、新出漢字や難解語句を調べる。…………………一時間
第三次　共感したことをよりどころに、文章の組み立てや筋道を読みぬき、書き手が自分の経験を通して、どんな意味を見つけているかをノートに書いて発表する。…………………一時間
第四次　書き手の「『うつ』の経験」に重ねて、自分の「うつ」経験を作文する。…………一時間
第五次　作文を班で読み合い、みんなに紹介したいものを発表し、評価し合う。…………一時間
第六次　「手の文化」（金子厚男）と「法隆寺を支えた木」（小原二郎）を重ね読みして、「手と遊びと文化」に関する生活文を書き、班や全体で合評会をする。……………………三時間
第七次　まとめと評価をする。………………………………………………………………一時間

四　指導の展開

1　第一次の場合

「うつ」の経験を題目から内容を予想させ、「打つ・撃つ・討つ」の意味の違いを理解させる。しかるのち、「打つ」という語を使う言葉を思いつくまま出させ、その中で生産、道具、日常生活、遊びにかかわるものに目を向けさせて学習の導入とする。

1　「打つ」を使う語を思いつくまま、班ごとにカードに書かせて発表させる。
2　くぎを打った経験の有無を確かめ、その難しさを発表させる。

2　第二次の場合

言語化されないままにしまい込まれていた「うつ」の体験が、この作品を読むことによって蘇り、共感を喚び起こされる。

次は、子どもたちが共感した箇所である。

○くぎを「うつ」ほど、子どもに容易に身につかないものは、めったにない。
○くぎを「うつ」「ぶつ」ことによって子どもたちがかしこくなる。
○くぎを打つとなると、かなづちで、手を、指をすぐ打ちつけてしまう。
○新しいくぎをひん曲げて「痛い」と叫んだり、「ちくしょう」とどなったりする。
○かわるがわる、くぎの頭を見る。かなづちのぶつかる所を見る。と、それが「テッパズレ」となる。

3　第三次の場合

「うつ」ほど、子どもに容易に身につかないものはないから、このような過程を経た後、「うつ」「ぶつ」は、しだいに確かなものになったままでを中心に、くぎを打つ順序と、くぎをまっすぐのばす過程を読み出し、文章の組立てや筋道をとらえさせる。そうして、書き手が「うつ」の経験を通して、どんな意味を見つけているかを読み出させる。

次は、子どもたちが指摘した書き手の見つけた意味である。

○古くぎをまっすぐにのばしたり、曲がらないように打ちつけたりすることが子どもたちをしだいにかしこくしたり、しなやかにしたりしていること。
○子どもは失敗すると、考え、試み、上手な人のまねをして上達していくということ。
○たわいもない遊びだと考えていたくぎを「うつ」ことが、人間を育てているということ。

4　第四次の場合

書き手の経験が読み手の体験を触発し、それを語らせていくということがある。「うつ」という体験は、子どもの世界に近い題材だけに、子どもに語らしめる身近さを持っている。もちろんくぎをうつ体験をたやすく経ることができない地方もあるに違いない。しかし、たとえくぎでなくても「うつ」の体験を持たない子どもはいないに違いない。

次は、書き手の『「うつ」の経験』を発想源として、自己の『「うつ」の経験』を書いた表現例である。

○ちょうど四年生のとき、私は家を建てているところに遊びに行った。そのとき、大工さんたちを見ていると、楽しそうで、おもしろそうだったので、私はくぎ打ちにちょう戦した。

初めはとてもむずかしかった。私が一生けん命していると、やさしい大工さんは「うつ」の経験の内容のように教えてくれた。

私は、木切れでくるまを作っていた。くぎを打つと、くの字に曲がった。そのくぎをなおそうかと思っていると、大工さんがきて、

「かしてごらん。」というと、かなづちでくぎの頭をトントンたたいてまっすぐにしてくれた。なんともなれていて、やっぱり大工さんだなあと感心した。

でも、大工さんは指に黒いものがあった。

「どうしたの？」

と聞くと、

「指をくぎとまちがえて打ったんだよ。」

といって笑った。

その大工さんを見ていたら、やたらに力を入れないで、最初は静かにたたきながら、くぎがいいかげん食いこんだと

き、力をこめて強くたたき、おしまいにポンとひと打ちしていることに気がついた。

でも、私は何回してもできなかった。仕方がわかっていても実行にはうつせなかった。どうしてだろうと思って、何度もやっているうちに、今はうまくくぎを打つことができるようになっている。

「打つ」ということは、いいかげんにするんじゃなくて、どうしたら打てるかを考えながら打っていくことだと思っている。野球でも考えずに打つと空ぶりしてしまうことになる。

やっぱり何でも考えながらやっていくと、よい結果をもたらすのだろう。
○私は意外と早く「くぎ」と「かなづち」を持った。お父さんもおじいちゃんも半分は大工のようなものだったから、くぎ箱はいつも玄関のすみにあり、最低二本はおいてあったからだ。そして、私の家のおふろはいまだにマキでわかすので、木切れはどこにでもあった。
そう考えると、この文にある古くぎをたたいて元の形にもどすこと、大人が早くから子どもに新しいくぎを打たせなかったということとは正反対の条件であったような気がする。

くぎの最初は静かにたたき、やがて力をこめて、そして、おしまいのところでは、また静かにというたたき方は、小さいときから見てきたので、私としてはまねをしてくぎを打ってきたように思う。

私の夢としては、将来木の家を持ちたいと思っているが、そのころ木造建築の大工さんがいるかどうかというのが問題だなあと思っている。

5　第五次の場合

評価の観点として、次のような項目を挙げて、表現記述の学習をする。
(1)　「うつ」に関する生活体験を事実にもとづいて再現的に書いているか。
(2)　生活体験の内容を会話を使ったり、時間的に記述したりして表現を工夫しているか。
いずれも班ごとに全体に発表する作品選定の観点として位置づけ、同時に次時の表現学習の留意点とする。

6　第六次の場合

『うつ』の経験」を、手の文化や木の文化とかかわらせて、イメージの広がりを持たせる。

次は、補助教材を読み聞かせることによって、「手と遊びと文化」という視点から生活記録文を書かせたもので、その作品例とそれに対する評価文の一節である。

○ちょうど、口裂け女（口が裂けていて「私きれい？」と尋ねては、かまを持っておそいかかってくるという人）の話がはやっている頃です。私が足をかまで切ってしまったのは――。そして、学校へ行って友達に、

「わあ、昨日、口裂け女に足切られたあ！」

とジョウダンを言ったものでした。今でも右足の足首の所に傷が残っています。その傷を見るたびになぜか、

「けがをしてよかったなあ。」

と思うのです。あの時、家の前の草刈りをただ好奇心だけで刈り方など考えずに、無心に手伝ってシュパッと切ってしまったのですが、けがをしたおかげで、一つかしこくなった気がしてうれしく感じるのです。

私にとって色々な経験のシンボルであるけがこそほこりです。草刈りでけがした足の傷、ほかにも、電球のわれたガラスをさわってけがした腕の傷、坂のまん中でイスにのって遊んでいてけがした頭の傷、これこそ私の経験のシンボルマークです。このシンボルマークを作れたおかげで、私はこうやって元気でいられるのでしょう。

かしこくなるということは、勉強ばかりしてえらくなるだけがかしこくなる条件ではありません。まずはけがをすることです。そのためには、手でものをさわり、手でものをけずって、手でものをこねて、自分の手で何かをつくりあげることにあるのではないでしょうか。だから、だれだって文明の波に逆らってえんぴつをナイフでけずってみることが必要です。自分の手でくぎを打つことも必要です。そして、遊ぶことも大切です。

……いつの時代も小さい子は好奇心に満ちてほしいと思います。いくら文明が発達しても、幼い頃の気持ちは私達といっしょであってほしいと思います。

（大坪由美子）

右の作品に対する評価文を二つ紹介すると、

○私も大坪さんと同じことをしてきた。本当に思い出すときりがない。……私は遊びの原点は、〝どろ遊び〟だと思う。土にふれ、草にふれ、いろんなものにふれたぬくみは、マイコンのボタンをふれた手とはとうていちがうはず、小さいころ、どろ遊びをした手は、いろんなものにふれ、ものを切ったり、草をかってみたり、くぎをうってみたりした手は、まさに〝生きてる〟って感じだ。

大坪さんの文章は、こうした思いを引き出す力を持っている。そして、いろんなけがの事実がかしこくなるということと結びついていて、会話文がキュッと生きている。

○経験したことがムダではないことがわかります。特に「けがしてよかったなあ。」ということがまっすぐ伝わってくる書き方です。

7　第七次の場合

この学習を通して学んだことは何か、感想を書かせて、まとめと評価をする。

おわりに

人は一つの体験を見直し、それを経験の世界に組み込み、そこから新たな認識の世界へと目を拓いていく。生活記録教材は、自己発見を促し、生活を見つめさせ、自己認識から自己確立へ立ち向かう学習を創造させてくれる。

3 読解学習の場を生かす課題と発問と作業

──「説得ということ」(渡辺実)の場合──

一 現実問題としての学力差

作品にしろ、文章にしろ、その内容や構成、主題や要旨、あるいは、作者の意図等を受容することが読みの本来の姿である。しかし、それには個人差があるように、それがまた読解力の差を生み出してきている背景にもなっている。

事実、一つの集団の中において学習の度合いや読書量の違いによる学力差があるだけに、指導者としては、作品や文章の読み方を教えるに当たって困惑や困難さが出てくる。しかし、むしろその差こそが読解であり、それを踏まえた指導が現実であるがゆえに、考え方によっては、それこそ指導における有効な条件を備えているということができる。なぜなら、集団の中での読みにおける差の事実が、そのまま自分がいかに作品や文章に対して、見当違いな意味を考えていたり、自分の心の中にすでにできあがっている意味を、作品や文章の意味と取り違えたりしているかの確かめや見直しの視点になるし、さらに、たとえ正しく読めていても、それ以外の読みとの対照において、読めている者は読めている者なりに、読み間違いはないかを正す読み深めができるからである。いずれの場合にしろ、それらは集団における読みの多角的思考への起点として、読解における客観性に迫る必要条件である。

ところで、今、作品や文章を読解するうえでの学力差を大別してみると、

①　読み（作品や文章）における要素知識（文字力・語い力）の差
②　読み（作品や文章）における音読・黙読の遅速の差
③　読み取り（作品や文章の内容・構成・主題・要旨・意図など）における緻密さ、正確さの差
④　考え方、感じ方（作品や文章に対する感想・鑑賞・批評）における深さ、豊かさの差

をみることができる。しかし、指導の立場から考えると、学力差のある生徒をどう高めるかを第一義的に考えた授業を除いては、集団における学習の意義はなくなる。したがって、読みにおける学力差を集団の中で、有機的に融合化し、構造化する教師の授業づくりとその展開が工夫されなければならない。

そこで、ここでは右に挙げた読みにおける学力差を考慮した読解指導として、いかなる手だてを講じたか、中学三年生の場合を事例としてとり上げてみたい。問題は、文章の構成、論理、要旨を読ませることに焦点を当て、学習課題、発問、学習作業を授業の中にどのように組み込んだかである。教材は「説得ということ」（渡辺実・昭和四十七年版　光村図書　中等新国語三）を使った。

二　授業参加への課題

まず、文章中の難語句の学習（一度音読したのち、難語句、新出漢字を出させ、それを班別に割り当て、国語・漢和辞典で調べさせ、班長を通して発表させる。質問に対しては班の全員が責任もって答えることにした。）が終わると次時の学習活動にかかわる課題を、事前にゆっくり進む生徒にのみ与える。課題は、学習内容と生徒の実態に合わせて二つの場合、三つの場合もある。中には、その場で答えられるものから、教科書を何度か読むか、調べたり、考えたりしなければならないものを含む。ただし、この課題は、学習における全体課題（この場合は、班別に与えるか、一斉

に与えるかする）とは違って、あくまでも個別的で、その生徒の学力に応じて与えるものである。これは、学力をつけるには授業への積極的参加が必至だという考えばかりでなく、集団の向上のためにも、それが不可欠の条件であり、教師がそうした生徒に学習参加のカギを与えるべきだという考えに立っている。というのは、学習の場における話す、聞く、書く、読むの活動を通して学習意欲を起こさせ、「させられる」ものから「する」もの、あるいは、「しなければならない」ものに転化できると思うからである。

そこで、教師としては、与えた課題は必ず授業で取り上げ、発言を誘発するか、指名をして、そのことを授業の中に有機的に関係づけ、読解の文脈に融合化していく配慮が必要である。さもないと、せっかくの課題も生徒救済の道にはならず、「させられている」という意識の変革はおぼつかないものになる。

次は、ゆっくり進む生徒に事前に与えた課題である。

①「説得」ということばを聞いたとき、どんな感じがするか。それはなぜか。

②「説得ということ」とうい文章の第一段落がどんな役割を持っているか。

③「説得」に対応することばは何か。

右の課題を与えたのちの授業は、次のようである。

T「では、きょうから本文の学習にはいります。題目をみてください。説得ということ、ですね。ところで、本文がどういうことを述べているか、題目のことばに『　』をつけてください。」

生徒全員『説得』とする。

T「ところで、説得ということばからどんな感じを持ちますか。また、それはどうしてですか。（しばらく時間をおく）A君（課題を与えた生徒）。」

A「なんとなくいやな感じがします。なぜなら、やっつけられた感じがするからです。」

T　「では、B君（課題を与えた生徒）はどうですか。」
B　「ぼくもいい感じがしません。相手がどうであれ、やっつけるという感じが強いからです。」
T　「うーん、A君は『やっつけられた感じ』というし、B君は『やっつけるという感じ』と受け取っているようですね。この点、ほかの人はどうですか。」
C　「もともと説得ということは、相手がいてはじめて意味をもつことですから、A君、B君の受けとめ方ができると思います。ぼくとしては、なにか技術的なことのように思われます。そんなものではないと思うのですが、ひょっとするとそうかもしれないという感じもします。」
D　「ぼくは大事なことだという感じを持ちます。説得が問題にされているのは、現実に、人のいうことをわかろうとする人がいかに少ないかを問題にしているように思うからです。」
T　「説得という題材の持っている意味まで出てきたようです。ところで、A、B、C、D君の発言で共通していることは、相手が意識されていることですね。つまり、説得する、あるいは、説得されるという関係としてです。そこで説得の価値みたいなものも出てきたのですが、ここで、説得するということは、いったい相手をどうさせることなのか考えてみてください。（しばらく時間をおく）E君（課題を与えた生徒）。」
E　「相手を納得させることだと思います。」
T　「そう、『納得させる』ことですね。つまり、納得させることを抜きにした説得はないということでしょう。この点、A君、B君。説得ということばに対する感じは変わりませんか。」
A、B　「少し変わった感じがします。」
T　「C君は『技術的なという感じがする』といっていましたが、説得―納得という関係から、何か感じが変わったところはありませんか。」
C　「何か納得させる筋道のようなものがあるような気がします。しかし、それだけであろうかという気持ちが残ります。」

T　「この点、F君（課題を与えた生徒）は、説得―納得の対応関係から何か気づいたことはありませんか。」

F　「特別ありませんが、自分が考えたように相手を考えさせることかなと思いました。」

T　「考えるように考えさせるか、すばらしいことに気づきましたね。ところで、それはC君の『筋道』といったことばと重ねることはできませんか。（「論理」ということばが出る）そう、論理ということばでまとめることができるようですね。それでは、この論理ということばが本文の内容とどうかかわってくるか、みんなの課題として、今から第一段落が、本文の中でどういう役割をはたしているかの学習にはいることにします。全員黙読して考えてください。」

このようにして、与えた課題の発言を取り上げながら、授業を有機的に展開していくわけである。

次は、G、Hさん（課題を与えた生徒）が、問題の投げかけ、つまり、「問題提起」として答えた第一段落である。

一つの集団の全員の意見が合致するということは、実際には非常に少ないものだ。家庭のように小さな、しかも血のつながった集団の中でさえも、親と子の間、兄弟姉妹の間で、意見の食い違うことはまれではない。まして集団の規模が大きくなればなるほど、それに属する人間のつながりは希薄なものになり、全員合意の可能性はますます低くなる。家庭やクラスのだれかと意見が合わずに困った経験はだれでも持っていると思うが、そんなときわれわれはどんな態度をとったらよいのだろうか。

そこで、この段落がどんな内容をもった問題提起かが次の問題になり、さらに、問題提起であれば、どこかにその答えの段落があるという予想が立ち、その段落を見つける学習へと発展できるわけである。

したがって、授業における教師に課せられた学力差の考慮は、発問と学習作業のさせ方にかかわってくる。

次は、第一段落の内容をとらえ、さらに、この段落の答えを求めるために用意した発問と学習作業である。

①　そんなときとは、どんなときか。ノートに書く。

②　全員合意の可能性はますます低くなるとは、わかりやすくいうとどうなるか。ただし、全員合意は、第一段落の中から同意のことばを選び出してあてさせる。

③　集団の規模が大きくなればなるほど、どうしてましてなのか、班で話し合い、代表が板書する。

ということから、書き出し文の持っている重要性に気づかせ、「意見が合わず困った」とき、「どんな態度をとったらよいのだろうか。」と、答えの段落を読み取る学習へ進め、論理や要旨把握の足がかりをつくるのである。

では、発問や学習作業において、学力差に対していかなる考慮がなされるであろうか。

三　学習を学習する発問と作業

読解学習において、学力差のある生徒に対して最も考慮したことは、学習を学習させながら授業への参加を促していったことである。

特にゆっくり進む生徒には次のような発問や学習作業を与えながら、学習の整理、確認をさせた。

「○君、今、先生が発問したことをもう一度言ってください。」
「○君、今、何が問題になって、何を考え、どうすべきかみんなに言ってください。」
「○君、今の学習作業は何ですか言ってください。そして君は、黒板をノートにしてやってください。」

というような発問や学習作業である。

さらに、いろんな考え方や意見が出た場合は、
「○君、先生の質問に対して、△君は何と答えましたか。それに対して、×君はどういう考えを述べましたか、そこで、君はどちらの考えに近いですか。」
「○君、□君の意見はどんな意見でしたか、それに対して君はどんな考えを持っていますか。」
「○君、△君と×君と□君が意見を出しましたが、みな共通したところがあります。黒板に図示してみんなに

説明してください。」

「○君、△君は教科書の何ページのところを指摘しましたか。そこを読んでください。」

いわば授業でのやり取りにこだわった発問や作業のさせかたであるが、そのときどきの整理と確認を抜きにしては、学習の意味はないし、再び取りこぼしの生徒をつくるばかりではなく、読解学習の厳しさも出てこない。つまり、今、何を目的とした学習作業なのか、読み直しなのか、確かめなのかを明確にしながら、機械的ではなく、集団で学ぼうとするものを学ばせていく授業と、それに対する甘えを許さない手だてが肝要である。

したがって、必ずしもゆっくり進む生徒のみが指名対象ではなく、そのときどきによって教師の指名は、個人から班に及ぶ。さらに、指名権を生徒に与え、この問題は誰にさせるか。こんどは誰に読ませるか、誰に黒板を使ってまとめさせるか等を持ち込むと、明るく楽しい授業にすることができる。ただし、教師として注意すべきは、ゆっくり進む生徒に対して、「文末表現」をはっきりさせる支援が常に必要だということである。

さて、右のような発問と学習作業を加えて、第一段落の答えの段落には、次の三つが出てきた。上の番号は、段落番号である。

4　これに対して意志決定に関する意見の対立は、……同意を得るために、なんとか意見の対立する相手を説得しなければならなくなる。

10　つまり、意見の基づく根拠まで掘り下げるということは、意志決定をしようとして認識の次元へ帰っていくことである。……認識は、…実は意志を定め行動するときの最も根本的なよりどころなのである。

11 12　集団で意思決定をしようとして異なる意見が対立した場合、……もう一度その意志のよりどころである認識の次元へもどってみること――それをおいてほかにないであろう。ここに、説得の技術、というより説得の強い論理が生まれてくるのである。

…だから、集団の意思決定にあたってわれわれはどういう態度をとるべきかを考えて、「認識へ帰る」という答えが出たとしても、決して不思議ではない……。

以上の三つをそれぞれの立場から、答えの根拠を聞くと4は「相手を説得しなければならなくなる。」ということばを、10を「つまり」ということばをもって、11、12は「認識の次元へもどってみること」「どういう態度をとるべきかを考えて」ということばをもって、その答えの根拠とした。

そこで、第一段落が何についての問題提起であったかを問い返す発問として、4、10の答えには「態度」の表現があるかどうかを確かめさせた。

次に、冒頭文の重要な役割を想起させ、各段落の書き出し文を書き出させることによって、第一段落の「一つの集団の全員の意見が」と11の「集団で意志決定をしようとして異なる意見が」という表現から「集団」ということばの対応を把握させ、12の「集団の意志決定にあたって」と関連づけることによって、11、12が答えの段落であることに気づかせた。

こうして、「認識の次元へもどってみること」が、「説得の強い論理」を生む意志のよりどころであることを押さえ、そこから、学習の中で、筋道と考えていたことを「論理」ということばでまとめていたことに関係づけるのである。

以上、第一段落の答えを求めるまでを、課題、発問、学習作業の点から述べてきたが、要は、教師がいかに生徒の発言や作業を意味づけ、いかに授業を構造化するかである。

V　見えないものの世界にふれる——文学的文章

1　見えないものの世界にふれる授業
――授業改善の方向を探る――

一　はじめに

ドイツの詩人ノヴァーリス――二百年近く以前に二十代で夭折――が、書き残した本の「断章」に「見えるものは見えないものにさわっている。聞こえるものは聞こえないものにさわっている。それならば、考えられるものは考えられないものにさわっているはずだ。」という思索の断片がある。

今、国語教室における中学生の実像を見ると、おしゃべりはできるが、正しい発音、発声で、はっきりした物言いができない。自分の意見や考えがはっきり言えない。また、作文や文法の学習は「めんどうで、嫌いだ。」。さらに、国語は「わからない、むずかしい。」といって、「国語の勉強が好きだ。」といった生徒が意外に少ない状況にある。

こうした生徒の見える世界の実像がどのように見えない世界にさわっているか、その見えない世界へのかかわり方に目を向けて、見える世界から、見えないもの、聞こえないもの、考えられないものにさわっていく世界へ切り拓いていく国語の授業、そこに、国語科授業改善の原点があるのではなかろうか。

また、情報化社会は、宇宙開発とともに、宇宙的視点を私達の世界にもたらしている。それだけに、宇宙の彼方への接触感覚が強まっている。そこには緻密で精確な科学の力が投入されているように、今、人間が人間として自立していくために、今まで以上に確かな言語力をつける国語教育が必要になってきたといえるのではなかろうか。

二　学ぶ心を心として

国語が「わからない。」「むずかしい。」「めんどうだ。」などという生徒の意識は、実は「わかるようになりたい。」「考えたい。」「楽しく学びたい。」という意識の表現である。どんな人間だって、どんな生徒だって毎日毎日「今よりよりよくなりたい。」「今より上手になりたい。」と願わない者はいないはずだ。

よく「生徒が学ぶ心を学ぶ」というが、決して言い回しではない。本気になって生徒の心に問いつづけを与えていくことによって、見えないものにふれていく言葉の世界を切り拓いていくことができる。

三　学ぶ心に問いつづけを

――一年生の「詩の授業」から――

「問いつめられて立往生したが、国語が好きになった。」「考えていることを聞いてもらえることが楽しい。」という生徒が現実にいるということ。黒田三郎の詩「海」（昭和五十九年版　三省堂　国語一）の授業のときのことである。

海

駆け出し

叫び
笑い
手をふりまわし
砂を蹴り
飼いならされた
小さな心を
海は
荒々しい自然へ
かえしてくれる

何度か読ませて、Mさんに「読んで、どんな感想を持った?」と質問した。Mさんは小さな声で返事をして立ったが沈黙。周りの生徒達もMさんはあまりものを言わないことを知っているのであろうか、半ばあきらめたように沈黙。いつ先生が「はい、いいでしょう。」という発言をするかを待っている様子である。しかし、私は、Mさんが何かを言ってくれるまでねばり強く待った。こんなときの一分間は五分間に値するほど長く感じる。私は、「Mさん自身が感じたこと、思ったことを言ってほしいのだよ。何か答えがあるというものじゃない。」と勇気づけた。すると、Mさんは少しもじもじしたものの、なおかつ口を開こうとしない。勇気づけたことが、Mさんをかえって苦しめているような気もする。そこで、私は、「どうぞ!」などと、演芸会の司会者になったような口調でMさんを促した。すると、Mさんは幾分顔を赤らめて、一言「わかりません!」と言った。それは、Mさんの精一杯の発言のようであった。

しかし、私は、それでMさんとの問答に終止符をつけなかった。そして、ここぞとばかりに「感じたこと、思ったことは、わかるとか、わからないとかというものじゃない。Mさんがこの作品を読んで、受けとめた感じや思いを聞いているのですよ。」ときっぱりと言いながら、Mさんの心にまさに何かが生まれんことを願った。

Mさんは、私の言葉を聞いて一層真剣な顔をした。そして、再び詩句に目を通した。学級のみんなも今度はMさんが何を言うだろうかという表情に変わってきている。「早く！」などとMさんを責めるような発言は出ない。Mさんは立ったまま目をうるませている。

私は、ここで、誘いかけるように「Mさん、さあ思い切って発言しよう。」と再び勇気づけた。すると、Mさんは、声を少し振わせながら、「むずかしいです。」とはっきりした声で発言した。この一言は、学級のみんなの心にずっしりと響いたようだ。みんながうなったような顔している。「実は、ぼくもわたしもむずかしい詩だと考えていたのです。」という顔つきである。

そこで、私は「どこがむずかしいの？」と重ねて聞いた。「全部です。」という返事が今度は比較的早く返ってきた。そこで、「全部といったって、特にここはわかりにくいところだというところがあるでしょう。」と切り返した。すると、Mさんは再び考え込んだ。そして、間を置かず「飼いならされた小さな心」とつぶやくように言った。もうここまでくると学級のみんなも、Mさんの言葉を人ごとではないと受けとめているようである。そこで、私は、「Mさん、ありがとう。よく考えたね。」と言って、座るように命じた。

それから、「さあ、みんな、Mさんがむずかしいと言った『飼いならされた小さな心』とは、どう受けとめているのかね。」とMさんの発言を全体に押し広げていった。すると、「それは、都会に住んでいく人の心だ！」との発言がとび出る。そこで、「そうか、都会のどんなところからそんな心が説明できるのかな？」と切り返して聞き込んでいく。すると、「電車や地下鉄に乗る生活です。」「学校が終わると塾通いをする生活です。」などと、口々に言う。「じゃあ、本校にはそんな生活はないのだろうか。それは、都会だけにあてはまる心なんだろうか。」と切り込む。ところが、「いや、田舎だからないというわけにはいきません。」と言う。「じゃあ、どんなところに飼いならされた心を見つけることができるだろうか。」とたたみかけてみた。すると、「バスがあります。」「水道がありま す。」「プロパンガスもあります。」などと言い、「塾に行っている人もいる。」と発言してきた。

ここまできて、私は「では、いったい何が飼いならしているのだろうか。」という発問を加えたくなった。しかし、あえて、それをさしひかえた。生徒たちの頭の中に、それが、それとなくイメージとしてふくらんでいくことを期待したからである。そして、「学校にもあるね。」と問いかけた。すると「学校もそうだ。」と言う。一瞬「うーん。」とうなって、「プールは?」と問うと、「そうだ。」とうなずく。

そこで、「よし、じゃあ、もう一度『海』という詩を読んでみよう。」と誘いかけ、それぞれに黙読を迫った。そして、「駆け出し　叫び　笑い　手をふりまわし　砂を蹴り」は「いったい何の動作であり、何の表情なんだろうか。」と問いかけた。すると、「少年です。」「海です。」と口々に言う。そこで、「そうだね、これはまさに少年と海のダブルイメージとしてとらえることができるね。」と言うと、「ぼくは、海の動作であり、表情だととらえます。」と言う生徒も出る。「じゃあ、その説明をしてみてごらん。」と言うと、「それは、海浜に寄せる波の様子だから。」と言う。そこで、「少年」をイメージした生徒の説明を求めると、「海の波の様子のイメージはわかりますが、それと同じように少年が思い切り自分を表現している姿でもあります。」と言う。そこで、私は、「少年の姿と海の波の二重のイメージを同時に引き出してくれるのが一連だね。」とまとめて、Mさんに、再びこの詩を読んだ感想を求めた。

Mさんは、ちょっと恥じらいの表情を見せて立った。そして、はっきりとした口調で「この詩を読むと、本当の人間がどんなものかわかります。」と言った。学級のみんなは一瞬ぎくりとしたような表情をした。私も改めてM

さんの発言で「うーん。」とうなりながら、「そうだ！」という感動の思いを込めて、「ありがとう。」と発言していた。

何かもう、この詩が生徒たちを完全につつみ込んでいる空気になった。「海」によって拓かれた見える世界から、「荒々しい自然」という見えないものの世界に立ち向かっているのだろうか。ほおづえをついて遠くを見ている目の生徒もいて、沈黙の瞬時が流れた。

このことがあってから、Ｍさんは「国語が好きになった。」と言い出し、毎日のように「とっておきの話ノート」（全員一週間に一度提出する。）を出すようになった。

四　生徒の国語の授業に対する意識とたのしい国語の授業への願い

生徒達は、いったい国語の授業にどんな意識を持ち、どんな願いをもっているのだろうか。一・二年生を対象に調査した結果、頻度数の高かったものを挙げると、

(1)　国語の授業がおもしろい、たのしいと思うとき

・自分のわからなかったことがみんなの話や先生の話でわかったとき
・学習課題をみんなと一緒に話し合って考え合うとき
・今までしていないような授業の進め方にふれたとき
・一つの問題に対して、いろんな考えが出たとき
・言葉の受け取り方に対して、先生が自分の生活や読書体験を加えて語ってくれたとき

・先生がシャレを言ったり、ジョークを言ったりしたとき
・学習プリントやカード、絵、写真、映像機器、録音テープなどを使って学習したとき
・図書館や屋外に行って学習したとき
・先生が本や新聞を持ってきて読んでくれたとき
・グループ（班）学習したり、作業学習したりしたとき
・教科書以外の文章や作品にふれたとき

(2) **国語の授業がいやだ、きらいだと思うとき**

・わからないままで、授業が先に進んだとき
・ワークをしたり、十分間テストをしたりして答えだけで授業が進むとき
・自分が苦手なところを指されたり、聞かれたりしたとき
・同じところを何度もくり返し授業するとき
・教科書どおりで、先生だけの説明で授業が進むとき
・問題点や考え方を十分深めないまま、作文するとき
・漢字や文法を単に覚えるだけのとき

(3) **国語の授業がよくわかるなと思うとき**

・授業に興味がもてたとき
・真剣に聞いているとき
・先生がたとえなど使って、くわしく説明してくれたとき
・学習プリントやカード、映像機器、録音テープなどを使って学習したとき

・学習内容をおもしろく覚えやすくしたり、覚える（暗記する）までさせてくれたりしたとき
・学習問題に対してヒントをくれたとき
・黒板に書いて、もう一度説明してくれたとき
・辞書などを使って、自分で調べたとき
・グループ（班）学習をしたとき
・予習したり、質問を考えたりして学習にのぞんだとき
・ゆとりがあるとき

(4)　**たのしい国語の授業にするには**

・視聴覚教育を使って、作業のある授業
・グループ（班）活動のある授業
・教科書教材を補足する資料や文章が用意された授業
・今の世代に合った、説明の工夫された授業
・ジョークなど入れて、引きつける話し方をする授業
・イラストなど入れた学習プリントを使った授業
・読書の時間がある授業
・ちょっとしたゲームやクイズのある授業
・音読・朗読・群読・暗誦のある授業
・ノートにまとめる時間のある授業
・教室以外の場所で学習が行われる授業

・考え合う時間が多い授業
・漢字や文法の覚え方を工夫した授業
・生徒に学習問題をつくらせる授業

以上、生徒が国語の授業に対してどんな意識を持ち、どんな授業を願っているかを調査の形で示したが、ここに授業改善の方向が示されているような気がする。勿論、これらは国語科教育の理念に基づき、時代に即応した人間形成に機能する言語の教育のあり方から授業を改善していくことと無関係に考えることはできない。しかし、ここには、日ごろの国語の授業に対する生徒の論理が見事に反映して、言語の教育を実現する教師の豊かな授業の創出が要求されているように思える。

問題は、これらの生徒の意識や願いを教師がまごころを持って受け止め、指導技術を開発し、心通わせて真実生徒一人一人が言語主体者として自立していく授業を展開するかどうかにかかっている。

五　おわりに

人間は、自分の意識のとまる世界しか見ていないという。いくら綿密に教材研究をしていても、授業で生徒達と言葉をかわすことによって、自分自身にも予想できなかった発見や驚きにめぐり会うことからも実感される。こうして見えなかった世界が切り拓かれていく喜びを味わいながら、それだけにまた、見えないものの世界が広がり、知的好奇心をかき立てられる。それは、生徒の心に問いを喚起し、共に問いつづけていくかかわりを持つことから生まれる。

要は、言葉にならない世界に問いを当てながら、言葉を生み出すことによって、見えなかった世界を見えるようにしていくこと。そうすることによって、さらに見えないものの世界への接触感覚を高めて行くことができる。

それには、生徒達が願うたのしい国語の授業を創出する教師の柔らかい感性が何よりも必要になってくる。

2　授業展開のくふう「問いを生み、問いを残す文学教育」

一　はじめに

文学教育を進めるに当たって肝要なことは、作品と読者との関係をいかに密度の高いものに誘い、自己内対話としての問いを喚起するかにある。もともと読みの諸相は多様であり、自己流の読み換えがあるし、受動的に受け入れる層も個人的個性的である。

したがって、読者の習得した最初の内在的意味に作品の言語を照射させながら、自分の読み違えに気づかせたり、なぜ自己流に読んだかに目を開かせたりして、作品からの問いを導くところに言語の教育としての文学教育がある。

二　文学教育と問い

文学教育は、文学的な感動体験に始まる。読者はこの感動を契機にして、人間に対する認識を改めたり、深めたりする。そこで、感動体験を対象化し、形象に意味を与えていく読み方を自覚させ、より深く読む力を育てていくところに文学教育の意義がある。

読者は、感動体験の対象化を通して、形象と向かい合い、像に接して生まれる人間としての問いを抱き、読みを深めていく。このとき、問いは多くの場合、二つの方向性をもつ。一つは登場人物の性格や行動を肯定していく心であり、今一つは、否定していく心である。この二つは互いにあらがっている。

こうした肯定と否定との葛藤の中で、私達はさまざまな状況における人間の真実について発見し、認識していく。それは、極限や危機的状況の中における人間の生に対する感動であったり、感激であったりする。この感動や感激を通して、私達は自己と自己を取りまく状況に対する問いを抱き、それらに対する認識を改めたり、深めたりして、問いを残して問いつづけていくことがある。

ここでは、文学作品の読みの中で、いかに問いを起こし、問いを残す工夫を凝らしたか、その指導展開を紹介することにする。

三　作品の題名を考えつづける

1　いろいろな飛躍ができる問い

いわゆる問いを発し、問いを残していく読みは、まず教師の問いを示すことによって、生徒の読みを問いのあるものにしていくことができる。問いを持つ読みは、問いを持った読みを示すことによって拓かれてくると考える。言葉の意味を一義的なものに画一化していくことではなく、多義的なものに拡散していくことが文学教育のねらいであるならば、読者が自己内対話ができるような問いを設定していくことである。

そこで、長谷川四郎の短編小説「少年」(昭和五十六年版　三省堂　現代の国語一)に題名をつけさせる学習を試みた。小説の題名がいかなる象徴的機能を背負っているか、作品の構造を抜きにしては考えられない。そこで、読者参加による題名創出を問いかけることにした。題名をつけることが作品の構造を問い、主題把握の一方法になると考えたからである。

2　作品　長谷川四郎「少年」

この作品は、作中の誰かの視点を借りて書かれたというものではなく、空中から見る目で一家族の生活のあり様に焦点を当てて書いたものである。それだけに読む者の受け止め方が多様にできて妙に考えさせられる作品である。

中でも「箱の中にしかすめない鳥なんて、もう飼うのはよしたほうがいいな。」という、少年のジュウシマツ飼育に対する父親の否定表現は、逆に冒頭文の「その暗い家は、しかし、もう起きていて、一人の男が働きに出かけて行った。」で表現されている父親のイメージを喚起し、印象づけるということもあって、父親に対する読者の問いを新たにさせることができる。

そこで、まず題名を切り取って、本文だけを渡すことから授業を始めた。短編小説だけに題名の意味を考えさせやすく、それから作品の読みを深め、主題へ肉薄し、人間の生き方に対する認識力を育てていけると考えたからである。

したがって、指導過程は次のように設定した。

(1)　一読後に自分なりに題名を考えさせ、その根拠を書かせる。

(2)　疑問点や問題意識を書かせ、それを話題にさせながら作品分析・作品解釈をさせる。

(3)　再読させ、本文中の言葉からできるだけ象徴的な言葉を選ばせて、再び題名をつけさせ、その理由を書かせる。また、一読後につけた題名と変わった場合は、その理由をくわしく書かせる。

(4)　この作品を読んで、自分にとって何を一番学ぶことができたかを書かせる。

以下、指導過程に従って実践の経過を述べていくことにする。

(1)　一読後につけた題名

題名によって、生徒たちが作品の何を読み出しているかがわかる。次に頻度数の高いものから挙げると、

ジュウシマツ……………一六％
父親……………………一二％
箱の中のジュウシマツ………一一％
がけの下の小さな家…………五％
少年と父親……………………三％
少年…………………………二％
三郎とジュウシマツ…………二％
その他…………………………四九％

また、「その他」の中には、主題意識の反映にかかわりそうなものとして、「弱肉強食」「自由」「戦い」「野生(自然)」「戦争と自由」「皮肉な関係」というのが出てきた。

次に、「ジュウシマツ」「父親」「がけの下の小さな家」の場合についてのみ題名の根拠を紹介する。

ジュウシマツ

ジュウシマツの件を通じて、小さな家について語っている。いくらぜいたくがしたくても生活が貧しいのでやりたいこともできない。それと同じようにかごの中でしか住めない小鳥も思うように飛ぶことができない。だから、父親の言いたかったことは、かごの中でしか住めない小鳥なんて自分達の生活と同じこと。やたらと外に出ればモズみたいな鳥にやられる。ぜいたくをしたくて金でも盗むなんてことしたら当然警察行き。かごの中だけで生きている小鳥はまるで自分たちの生活を浮き出しているような感じで、見ているのが辛い。

だから、自分達の小さな家を小さなジュウシマツにたとえているのだと思う。

父親

三郎の父親はもらってきたジュウシマツを飼うのに賛成しなかった。母親はえさや世話のようなことだけを考え、飼ってもいいように言う。でも、父親の心は小鳥の自由をうばうことがいやだった。自分の子どもがそんなことをするというのはたまらなくいやだった。

父親は三郎に言う「逃がしてやれ。」と。しかし、箱の外に住めないジュウシマツはモズにやられた。父親は人間が飼いならした鳥より、人間が人間のために甘やかした鳥より、大空を自由に飛びまわる弱肉強食の厳しい動物界を懸命に生きる、そんな鳥が父親の描いていた「鳥」だった。

三郎、父・母と登場してくるが、その三人の中でも父親が占める役割が一番大きい。三郎が心配性と思った父親だが、父親は本当に真のものを見つめている。父親は本当に三郎のことを思っている。だから、私は「父親」とつけた。

がけの下の小さな家

がけの上にある大きな家とがけの下の小さな家との対比を書いている。ここでは、大きな家のことは書かれていないけれども、がけの下の小さな家の様子、たとえば、六畳二間のバラックであるとか、子どもがジュウシマツをもらってきたことに対する両親の反応とか、特に父親の「金のことじゃないんだ。動物はおれも好きさ。だが、小鳥をかごに入れて飼うなんてのは、性に合わないんだ。」「箱の中にしかすめない鳥なんて、もう飼うのはよしたほうがいいな。」という二言は、がけの下の家のことをそのまま言葉にして言ったといってもよい。

もしがけの下の家も大きな家だったとすると、全く話にならない。対比のしようがない。

以上のような題名とその根拠を全員に書かせ、学級を題名ごとに八つのグループに分けた。そして、題名と根拠を発表し合う時間へと入る。そして、疑問点、問題点を書かせ、作品分析、作品解釈へ導いていった。

(2)　疑問点、問題点

①書き出しを「がけの上には……がけの下には……。」と書いているが、どういう意味で書いたのか。
②どうして「一人の男」「一人の少年」と書いたのか。
③はじめの三行目の「しかし」は、どういう働きをしているのか。
④二つの家を比べ、どうしてがけの下の家だけを書いて、大きな家のほうは書かなかったのか。
⑤三郎が母親に「飼っていいだろう?」と言ったとき、どうして母親は難しい顔をしたのか。
⑥父親は母親の顔を見、箱を見、それから寝ている三郎の顔を見、「よし、わかった。」と言うが、何がわかったのか。
⑦父親が「そうか。」と言っているのは、どういう意味か。
⑧「箱の中にしかすめない鳥なんて、もう飼うのはよしたほうがいいな。」というのは、父親のどんな考えによるものか。
⑨少年はどうして「父親というものは、なんて心配性なものだろう。」と思ったのか。
⑩この作品の背景になっているのは、戦後のいつごろか。
⑪疑問の語句
　ちゃぶ台　バラック　こまつな　モズ
⑫漢字の読み
　覆い　性に合わない　取り替える

こうした疑問点、問題点を読みの問いとして取り上げ、授業を展開して、再度題名つけの学習へとつないでいった。

1時…⑪ ⑫ ① ② ③ ④を問う。

ここでは、「がけの上」「がけの下」を対照的な関係として、貧富の差、つまり、戦後の生活の明暗を「小さな家」の方に焦点化し、「しかし」を通して、「一人の男」の労働が描き出されている。

そして、「一人の少年」は、少年時代特有の勉強と遊びの生活者として登場してくる。

2時…⑤ ⑥ ⑦を問う。

ここでは、母親の厳しい顔に、少年がはたして小鳥を世話できるのか、しかし、少年の願いはかなえてやりたいという二重の心が描かれ、父親の「よし、わかった。」に、小鳥を箱に入れて飼うのを不賛成ながら、母親の思いと、三郎の作った箱に、三郎の思いを察し、即座に了解の判断を下した姿が描かれている。

これは、父親の現状認識とこれ以上の対話に対する拒絶の反応として向けられた返答である。

さらに、「そうか。」の一言に、そうだったのか。それじゃ、しょうがないな。しかし、心から納得はできない。どんなふうに飼うか、三郎を試してみるかなどの複雑な父親の心情がきっぱりと描き出されている。

3時…⑧ ⑨ ⑩を問う。

ここでは、父親の戦争体験、今の貧しい生活などが反映して、「箱の中にしかすめない……。」という自由のない世界に対する否定が出ている。これは、戦後の状況の中で本当に生きることへの少年への問いかけであり、かつ、トラックの運転手として、たくましく生きる労働を印象づけている言葉である。

ところが、それを少年が「心配性」ととらえたのは、少年の父親に対するやさしさにほかならない。しかし、それ以上に父親の労働を映像としてとらえなかった未熟さ故に少年は「少年」であったわけである。

戦後間もない生活を通して、そんな少年の未熟さが沈黙の中に描き出されている。

(3)　再読と本文中の言葉を選んだ題名つけ

本文中の言葉の中から、どんな言葉を選んで題名にするか。それは、読者の問いにかかっている。頻度数の高いものから挙げると、

少年……………………………五五%
父親……………………………六%
箱の中にしかすめない鳥………四%
ジュウシマツ……………………四%
三郎……………………………三%
小さな家………………………二%
がけ……………………………二%
がけの下の小さな家……………二%
その他…………………………二二%

次に「少年」と「父親」と題名をつけた生徒の題名の根拠を紹介する。

少年

まず理由として、父親が「箱の中にしか……。」と言ったのは、人間が小鳥から自由をうばってしまった怒りではな

いか。しかし、そのことに対して、三郎は自分に対して言われた言葉と思い、ただ父親が心配性なものだとしか受け止めていなく、父親の言いたいことが理解できていないところがまだおさなくて少年である。

それと、父親が「ジュウシマツを箱から逃がしてやれ。」と言ったのは、ジュウシマツは人間に自由をうばわれてしまった。三郎に自由をうばうような人間にはなってほしくないということだったろう。

ところが、三郎は、「お父さんは何も知らないんだな。……。」と言ったので、「そうか。」と答えた。「そうか。」の下には「がっかりした。まだおまえはおさない少年だな。」と言いたかったと思う。

このことから題は「少年」であると思う。それに三郎の行動とかようすとかを表すときは少年という言葉が多いので「少年」とした。

はじめは「父親」という題をつけた。理由は、父親の考え方がとても印象に残ったので題にしたのだが、こうすると、「父親というものは、なんて心配性なものだろう、と思って。」はなくてもいいことになる。

父親

父親は箱の中のジュウシマツをみて自分自身の姿をみたのではないだろうか。だから、箱から逃がしてやれといったのではないか。この場合「箱」というのは自由をうばうものを象徴していると思う。

また、はじめの「がけの下」も自由のないことを象徴している。日光のよくあたる広々としたがけの上にのぼることは容易なことではない。なみたいていの努力では自由になれないのだ。戦後まもないころの貧乏な人々が自由で裕福になることは望みがゼロに近いことを表しているのではないか。

せっかくジュウシマツは箱の外に出たのにモズという敵につかまえられてしまった。父親は、戦争中はもちろん、今も不自由な生活をしている。箱の中は戦争時、今は新しい自由をうばうものとしてのモズ、もろくも父親の自由はうばわれた貧しい生活。自由になることはなまやさしいことではない。

モズは自由になれないことを表し、それは戦後まもないころの社会を表しているのではないか。そうした社会の中に生きている父親だから、「父親」という題にした。ただこうしたことを三郎が気づいていないところが最後に残る。

このような題名と題名に対する根拠を踏まえて、題名別のグループを組み、質疑を通して読み深めの学習へ入る。しかるのち、題名「少年」を示す。

(4)　自分にとって学ぶことができたこと

学習のまとめとして、「自分にとって何を一番学ぶことができたか。」を書かせて発表し合わせる。一例を次に示す。

学ぶことができたこと

一つめは、「自由」ということ。自由というのは、人から左右されるものではなく、自分で築きあげていくものだということ。

二つめは、「命」、命は尊いもの。自分も大切にしなければならないし、人も大切にする。つまり、どんな小さな命でも、むやみに殺す、こわすことは絶対に許されることではないということ。

三つめは、「働く」ということ。自分で何もしようともしないものに自由を与える。これくらい不合理なことはない。働くことによって生きる。労働しないものに自由や平等の権利はないと言いたいのだろう。

「自由」「命」「働く」——みんな大切なことに違いない。が、根本は「働く」という言葉にあるように思える。働くことにより、自由がわかり、命の尊さを理解できるのだと思う。

四　おわりに

文学教育のねらいは、指導事項の定着を通して、初読の読みに大きな落差をつけ、生徒が読者として自立し、自己確立していく問いを持たせていくことである。

私は、授業のしめくくりとして、「父親の労働と父親の言葉とがはたして少年の中で結びつくだろうか。」という問いを発して、生徒たちの自己内対話としての「問い」を残すことにした。

「少年」には、今は少年であるが父親の予感を超えて、きっと父親の心に至り、わかり、生きぬいていく成長のあることを生徒たちの成長に合わせて期待したからである。

文学教育の結末は、実はスタートである。生徒の問いを問いとして、さらに、教師自らが問いかけることで始発する。

3　「少年の日の思い出」（ヘルマン・ヘッセ）の授業の「まとめ」方の工夫

一　授業の「まとめ」ということ

かつて中学校一年生に、「小学校六か年の国語の学習で最も印象に残っている教材を、学年ごとに選んで挙げなさい。また、それがどうして印象に残っているか、理由も書きなさい。」という調査をしたことがある。その中の小学校一年生の場合では、「小さい白いにわとり」という教材が圧倒的に多く挙げられた。

この教材は、「小さい白いにわとりが、ぶたやねこや犬に、種まきや刈りとりや粉ひき、さらに、パン焼きをすすめるが、彼らはみんな『いやだ』と拒否してしまう。そこで、働き者のにわとりだけが生産労働に従事する。そして、最後に、ぶたもねこも犬も、出来上がったパンを『食べる』と言った。」というところで終わる。

全文七五調のリズムで書かれ、人間に身近な動物たちが登場し、パンの生産過程が読める教材である。ところが、子どもたちの印象に残った理由の全ては、「ぶたもねこも犬も、出来上がったパンを『食べる』と言った。そのあと、にわとりは何と言ったかを考えたから。」というものであった。そして、さらに「その答えが今でもわからないから。」というものであった。それでいて、全文暗記していた。

授業の「まとめ」というのは、単なる学習内容の収束だけではなく、こうした「問いを残す」ことではないかと考える。つまり、「まとめ」とは、学習内容の確認や整理・評価にとどまらず、子どもを自主的自発的な学習へスタートさせる発動点として、発見・調査・表現・比較・関連づけ、総合深化への「問い」を喚起させ、教材や単元に対するメタ言語（高次言語）意識を高めることである。

もっとも「まとめ」は、毎時の授業の場合から、教材や単元レベル、さらには、学期や学年レベルの場合まで考えられる。しかし、いずれの場合も、学習内容の知的側面から自主的自発的な学習意欲の情意的側面までを視野に入れ、指導目標の実現に向けて、次の七項目を考えている。

(1) 学習内容の定着を確認、整理、評価していくまとめ
(2) 問いから調べ意欲を引き起こすまとめ
(3) 作品や文章の意味・構造の発見を迫るまとめ
(4) 読み・書きへつないでいくまとめ
(5) 学習の経過や学習内容の感想の交換を起こすまとめ
(6) 比較、関連づけ、統合深化へ導くまとめ
(7) 紹介、案内によって興味・関心をわかせるまとめ

これらをいかなる教材や単元の場合も、大体全て適用するように配慮している。しかも、「まとめ」は、「よさを認め、伸ばす」ことと、「まとめは学習のスタートだ」ということを信念として、一貫して「問いを残す」ことに留意している。

以下、「少年の日の思い出」（ヘルマン・ヘッセ・昭和五十九年版 光村図書 国語一）の場合の「毎時のまとめ」「教材のまとめ」「単元のまとめ」について、その工夫点を述べることにする。

二　「問い」から「問い受け」へきり結ぶ毎時のまとめ

紙芝居や連続テレビドラマの魅力は、終末を起点にして次回への期待感をふくらませるところにある。それが未知の世界に包まれているだけに一層視聴意欲をわかせる。

しかし、たとえその教材が既知のものであっても、読み手に毎時の学習内容の確認と次時の学習へつなぐ予想・予測の「問い」を発することによって、逆に文脈との対決意欲を高めることができるのではないか。そのためには、毎時のまとめに学習内容の確認と次時の学習へつなぐ予想・予測の「問い」を確実に位置づけること。そして、予想・予測の「問い」を次時の「問い受け」へきり結びながら、「問いを残す」読みへ帰着させていくこと。

こうすることによって、「問い」を軸とした読みの連動性・連続性が図られるのではないかと考えた。

次は、まとめの「問い」から学習内容の確認を導き、確認から予想・予測の「問い」を発して次時の「問い受け」へきり結んでいった例である。

問い	け
一時（わたしと客の場面） 1（問い）客が自分の少年の日の思い出を話すようになったのはどうしてか。↓（確認） 2（問い）客の思い出話はどんな内容だと予想できるか。↓（予想・予測）	二時（以下、客の話の場面） 3（問い受け）ぼくの少年の日がどんな日であることがわかるか。↓（確認） 4（問い）ぼくのちょう集めの気持ちが高じるとどうなるであろうか。↓（予想・予測） 三時

問　い　受	問　い
5 （問い受け）ぼくは、ちょう集めの喜びをどのように満足させたか。↓（確認） 6 （問い）ぼくは、自分の喜びを傷つけたエーミールをどう思ったであろうか。↓（予想・予測） 四時 7 （問い受け）エーミールに対する気持ちとそれ以上にぼくの気持ちを興奮させたものは何か。↓（確認） 8 （問い）やままゆ蛾に対するぼくの欲望が高じるとどうなるだろうか。↓（予想・予測） 五時 9 （問い受け）やままゆ蛾を盗んだのち、ぼくに何が目覚めたか↓（確認） 10 （問い）ちょうをつぶしてしまったぼくの心の苦しみはどうなるだろうか。↓（予想・予測） 六時 11 （問い受け）母親の言葉がぼくにどんな影響を与えたか。↓（確認） 12 （問い）エーミールは、ぼくにどんな思いをさせただろうか↓（予想・予測） 七時 13 （問い受け）ぼくは、ちょうを粉々に押しつぶすことによって、どうしようとしたのか。↓（確認） 14 （問い）わたしは、客の話をどんな思いを持ちながら聞いたであろうか。↓（予想・予測）	八時（わたしと客の場面） 15 （問い受け）わたしは、客の話を聞いて何と答えたであろうか。↓（問いを残す） 16 （問い）読んで、一番問いかけられたことはどんなことだろうか。↓（問いを残す）

このように、各時のまとめに「問い」を発し、予想・予測を喚起して、次時の読みにきり結んでいったわけである。

また、八時の「問い受け」と「問い」は、教材のまとめとして、「問いを残す」終末の「問い」として発したものである。

三　「問いを残す」教材のまとめ

「少年の日の思い出」は、客（ぼく）が自分の少年時代の思い出を語ることによって、エーミールに復讐しているのかもしれない。同時に、美しい少年時代を自らつぶすことによって、つまり、美を破壊することによって、逆に少年時代の美を語ったものかもしれない。

こうした観点から、「客の話」のあと、再び子ども達を「わたしと客」の場面に誘い、『「客」に対して『わたし』が何と答えたか。」さらに、その後、「作品全体から何を一番問いかけられたか。」を問うことによって、子ども達の中に「問いを残す」ことを教材のまとめとして位置づけた。

1　「客」に対する「わたし」の答えの言葉

○「やあー、そんな話があったんですか。すみませんね。こんな話を持ち出させて悪かったですね。しかし、なかなかいい話ですよ。悪いことだけど、少年時代の思い出として心に残っているのでしょうね。そのあなたをひきつけたやままゆ蛾をみてみたいですよ。」

○「あー、そうか、きみにはそんな悲しい思い出があったんだなあー、いや、ぼくがその思い出を作らせてしまったんだな。実は、ぼくが、そのエーミールという少年なんだよ。ぼくは、昔、きみみたいな友達がいた。そして、やままゆ蛾をつぶされた。おそらく、エーミールというのは、ぼくのことだよ。」

○「ぼくも君の立場であったら、そうしたかもしれないな。でも、思いつめてもしようがないよ。大切なのはあやまちをくり返さないことさ……。幼いときの思い出とはいいものさ。たとえ苦しく悲しいものであっても。」

○「けっきょくぼくが悪かったので、命にかえておわびをします。」

どういうわけか、多くの子どもが「わたし」をかつての「エーミール」と想定して、「わたし」の言葉を書いていた。しかも、そのことが契機になって、「ちょうを粉々に押しつぶした」ぼくの行為がかつてのエーミールに仕返しをしているのではないかという考えまで引き出し、一体「客（ぼく）」の話のねらいは何だったのか、各人に一層「問い」を深めさせることになった。

2　作品全体から問いかけられたこと

○自分が熱中している欲望は押さえることができないこと。
○夢中になっているものがいつか自分をきずつけるかもしれないこと。
○母親の言葉のように本当の愛は相手の苦しみを自分のものとすること。
○一度起きたことは、もうつぐないのできないものだということ。
○たえられない思いをさせられたとき、どこかで仕返しをするのではないかということ。

これらは、いずれも西洋紙の四つ切りに書かせ、発表させたものである。発表を聞いて、「世界の『おきて』は、エーミールのように冷然としてある」と答えた子どもがいる。

四　「問いを残す」単元のまとめ

本単元「文学と人生」（昭和五十九年版　光村図書　国語一）は、詩「木琴」（金井直）、「ナワ飛びする少女」（藤原定）と小説「少年の日の思い出」（ヘルマン・ヘッセ）の三作品で構成されている。いずれも少年か少女が登場している。そこで、これらの作品から読みとれる、「少年少女時代というのは、人生の中でどういう特徴をもっているだろうか。」という問いを発して、作文によるまとめをした。

次は、その一例である。

「少年の日の思い出」から、私達は、「少年」は人生のきびしさやつらさを知って、大人になっていくという難関を読みとることができる。そして、それは、悲しみと共にあるのだということも。

「木琴」の少女は、たしかに戦争という形で苦しみを知ってはいる。しかし、それはうえなどの肉体的苦しみである。戦争を精神的な人生のきびしさや悲しみという形ではとらえてはいない。だからこそ、毎日の生活の中に無じゃ気な希望をもって生きていくことができたのだろう。けれど、その希望は、苦しみをのりこえてのものではなく、苦しみを知らないせいではなかろうかと思うのである。

「ナワ飛びする少女」も、やはりまだ人生のきびしさを知らない夢の中にひたっているのだろう。少女のナワは、天と地のよろこびだけをすくっているのだろうか。この少女のまわりには、悲しみのかけらもない。その生のよろこびは、跳躍という形で「円球」の中をみたしている。「汗ばみ　頭髪がかるく叩いている」。それら全てが生のよろこびであり、全てが少女を愛していることを読みとることができる。

このように、単元を通して、人生の少年少女期を相対化させることによって、メタ言語（高次言語）を獲得させることをねらった。

五　授業の「まとめ」のまとめ

「まとめ」が知的伝達の整理にのみ陥らないためには、「まとめが学習のスタート」として内的必然性になるように、教材を問い、単元を問い、教材や単元から「問いを残す」ことである。

4　悲しみから憤りへの体験

――戦争文学「川とノリオ」（いぬいとみこ）の場合――

一　はじめに

昨年の春だった。外国語大学に行っている０君が久しぶりに尋ねてきて、詩の話などしていたとき、突然思い出したように次のようなことを口にした。

「先生にぶんなぐられるかもしれませんが、先生の世代は少なくとも戦争を知っているから幸せだと思います。われわれには生の極限を問われるようなぎりぎりの体験がないから、自分が何にたよればよいか、何が正しいかの判断をする自分がつかめません。」

私は、新たな話題に自分の考えを述べた。

「なるほど、しかし、これはなぐるなぐらないの問題じゃないよ。それはね、ぼくがぼくなりの戦争体験を語るとすれば、語らざるを得ないという気持ちもあるが、少年時代を語るとき、むしろそれしかないということで、決して得意にはなれないからだよ。ぼくが何か君に参考になることを言っているとすれば、戦争を知っているからだという一語には尽きないと思うよ。今の世だって戦争とは無関係だとはいえないし、そのかげりも爪あとも全くないどころか、大ありだということに気づかないかね。たとえば、原爆の後遺症は残っているし、戦争のために結婚できないままの女の人もいるし、父を戦場で失って行きたい学校にも行けず病気の母を助けて、今なお貧しい生活をしている人もいるという現実があるだろう。

確かに戦争はぬぐいきれないものとしてからだにしみついている。だからといって、不幸かというと、君のいうように今の自分を支えているものが戦争体験によって培われていないとはいえない。だからといってすぐさま幸せとはいかないよ。

君が幸せということばでぼくたちの世代をとらえたというのは、自分のいたらなさをそうみたかったのか、平和であることがかえって自己確立が難しいという、いわば平和反対の意向を述べたかったのか、詳しいことはわからないが、自分がぎりぎりの状況で自己にめざめていこうとするなら、何かを失うか、何かに熱中して自己課題に挑戦していくかによって達することができると思うが、どうかね。今の世は他によって問われるのではなく、むしろ自分から問うことで自己確立をはかっていく時代だともいえるね。その点から君の生き方を考えてみたらどうだろうか。

もし、ぼくの話が戦争体験を語ることで体験主義の水準を越えない戦争批判で終わっているとしたら君のいう戦争意義論と何ら変わらないし、世の中を突き動かす論理にはならないと思う。つまり、日常性の中での平和と戦争とは同じ比重を持っている主題と考えたいのだよ。現に、君とぼくとの間に世代としての隔たりがあるわけだが、君の話題提供が世代をつなぐ接点のような気がするね。今こそ戦争の意味をじっくりと考えてみる必要がありそうだ。戦争とはいったい何だったか。それは平和とはいったい何かを考えることと同じだと思う。そこからしか新しい世の中へと突き動かす論理は生まれてこないような気がする。戦争に対しても平和に対してももっとリアリティな目をもって現実を掘りおこしていくこと、そこからお互いが同一主題に主体的に生きていく力をつけていくのではないかと思うが、どうかね。」

「たしかに戦争賛美とまでいかなくても、自己を切り詰める戦争の厳しさを考えていたことは事実です。真実自分にないものが他にあるから幸せというふうに考えたわけではないのですが、戦争への志向が平和とは何かを見ぬく目を失わせているなということに気づいたような気がします。主体的に生きるにはたとえ戦争であろうと平和であろうとそれが自己を問う一つの視点になるということですね。そういう点からいうと真剣な自己追求のない甘えで生きてきたような気がします。」

「そもそも戦後の平和そのものが、真に平和の追求によった足跡かどうかが問題だね。」

以上、O君との対話のほんの一部を紹介したが、これほど世代を意識し、また、通じる心があると実感したことは少ない。あえて今こそ戦争ということを話題にして、価値観の多様な現実の中で自分自身を発見し、自分自身や人類の未来を切り拓く力をつけることの意味を強く意識した。

今年の春、中学校一年生と戦争文学「川とノリオ」（いぬいとみこ）を読み、共に戦争の意味を考えようとしたのもO君との対話が生きていたからである。

二　「川とノリオ」の世界

この作品は昭和二十七年一月「児童文学研究」六号に発表されたもので「終戦（一九四五年）の八月の、私の体験記録です。……そのころ私は……小さな戦時保育園の保母で……私のしてきかせるお話だけが、唯一の保育の武器でした。戦争のいみなど何も知らされず、無心におなかをすかせきった幼児たち。……この時期私にしみついた何かが、私を児童文学へと駆りたてた要素の一つになったようです……。」といぬいとみこは「作品ノート」に書いている。

思うに、「戦争の意味など何も知らされず」にいる幼児たちに向けられているいぬいとみこの目は、このときから自己の体験記録を通して、遠い将来に向けて戦争の意味を投げかけていることになる。

この作品について、木島始が「ひとつの鎮魂歌である。いや、鎮魂の思いをこめた受難の子どもへの励ましである。そして、もちろん、自他ともに大人たちへの、こんなことはくりかえしてはならないとする警告の詩である。」といっているように、あがなうことのできない奪われた命を鎮め、奪ったものに対する永遠の怒りをこめているともいえる。それは戦争を通して語られた将来の日本のあり方への問いかけでもある。

二歳のノリオが、母ちゃんを原爆で奪われ父ちゃんを戦地で失うという惨劇。もう永遠に帰ってこない母ちゃん。

そして、じいちゃんの子になったノリオ。

川でよごれたものを洗う、あったかい母ちゃんの背中。

父ちゃんの固い手のひら。

母ちゃんの日にやけた細い手。

濡れたような母ちゃんの黒目。

母ちゃんのおしおき。

ふとおしつけた母ちゃんの胸。

頭巾の中の母ちゃんのひきしまった横顔。

これ以上思い出そうとしても思い出せない。父ちゃんと母ちゃんの記憶のストップ。そこに戦争の何ものかさえ知らないノリオの悲しみの原点がある。

こうした悲しみの文学としての戦争文学「川とノリオ」を一読して中学校一年生（一クラスの例）は次のような読みの諸相を示した。

三　読みの諸相

(1)　この作品を読んで考えたこと

○戦争・戦時中……………………五二％
○ノリオと父と母と川……………三八％
○原爆……………………………八％
○作者……………………………二％

(2)　この作品を読んで一番印象に残ったこと感動したこと

○父母と戦争と川………………五一％
○ノリオの心情…………………二四％
○父の死…………………………一二％
○母の死…………………………一〇％
○家の様子………………………三％

(3)　川は何を表していると思うか

○ノリオの心……………………三一％
○ノリオの友人・遊び相手……二二％
○母のやさしさ・あたたかさ……一五％
○時の流れ………………………一二％
○何があっても変わらないもの……一二％

○まわりの静けさ……………………………二一％
○世の中の悲しさ……………………………二一％
○思い出…………………………………………二一％
○ノリオのものを取り上げる悪者……二一％
○心をなごましてくれるもの…………二一％
○母ちゃんを呼び出すもの……………二一％
○季節を感じさせるもの…………………二一％
○ノリオと母を結びつけるもの………二一％
○戦争（ものを流すのでノリオと何かを引きさくもの）………二一％

(4)　表現上感心した、うまいなと思ったところ

①　比喩

（i）直喩　………………………一三％
○じいちゃんの横顔が、ヘイケガニのように、ぎゅっとゆがむ。
（ii）隠喩　……………………………二五％
○ノリオ……二歳の神様だった。
○父ちゃんは小さな箱だった。
○ススキの銀色の旗の波……。
○八月六日・ヒロシマへ出かけていったという。
（iii）擬人法　……………………三九％
○ノリオは……川の声を聞いた。
○（おいで、おいで、つかまってごらん。……。）

○川の水が……白々と波立って笑いながら。
○川はしばらく黙っている。
○川は……やさしくノリオによびかける。
○川はまた、キラキラ笑い出す。
○青空には、ふしぎなものが生まれていた。
○スキがまた、銀色の旗をふり……。
○電線はヒューンと泣いている……。

② 擬声語・擬態語…………………一三%

○きらきら笑い出す。
○ぽとりとひざにしずくがおちる。
○黒いゴムぐつを、川はたぷたぷ流していった。
○ドド…ンとひびいた何かの音。
○ぼしゃぼしゃと白くなった、じいちゃんの髪。
○サクッ、サクッ、サクッ、母ちゃん帰れ。

③ 体言止め…………………………六%

○まぶしい川のまんなかで……待っていたあの日。
○鉛色の川。……鉛色の中の生きた二点。
○子どもをさがす母ちゃんと、母ちゃんをさがす子どもの声。

④ 詩的構成…………………………二%

○早春、また早春、夏、八月六日、お盆の夜、また秋、冬、また、八月六日がくる。

⑤ ……の表現………………………二%

○暗いヒロシマの町には、死がいから出るリンの火が、いく晩も青く燃えていたという。おりかさなってたおれた家々と、おりかさなって死んでいる人々のむれ……。

(5)　読んで疑問に思ったこと

○ノリオはなぜ神様なのか。
○どうして川を中心に文が描かれているのか。
○川の音は何を表しているのか。
○ノリオの父ちゃんはどこに行ったのか。
○なぜ母ちゃんはヒロシマに行ったのか。

以上が生徒たちの一読後の読みの諸相の骨子である。問題は、よく文学作品を授業で取り扱うとき、第一感想なり、仮主題なり、疑問点なりを出し合わせ、読解や鑑賞学習へとつないでいくわけだが、生徒たちの読みの実態のどこに着眼して次時につないでいくか、それが文学の学習を楽しくしていくかどうかの起点になる。そこで、私は次のようなねらいのもとに授業の設計をした。

四　授業のねらいと設計

戦争文学を読ませることのねらいは、戦争の悲しみの体験をさせることではないか。そこから世の中のあり方や自分の生き方を見直し、問い返し、生き方や世の中のあり方の追求を主体的にさせることではないか。そんな問いかけの意味をこの作品は背負っているし、とりわけ戦争とはどんなものかを詩的に悲しく投げかけていると考える。

そこで、私は、生徒たちの読みの実態の資料を示し、その中から、

(1) 問題意識の多い戦争や戦時中のことをどういうことばを通して受け止めているかを確かめ、
(2) その中で、ノリオの脳裡に父ちゃん、母ちゃんのイメージがどういう形で残っているかをとらえ直し、
(3) 二歳の神様だったノリオの存在を考え、
(4) いろいろな解釈の飛躍ができる川とは何かを考え、
(5) 読みを深めることによって何が出てきたかを問題にしながら、今まで気づかなかったことに気づかせ、意識しなかったことを意識にのせていく中で、読者の中に何ものかが生まれてくることを期待するという形で授業を設計した。

五　授業の中から

(1) 戦争・戦時中の様子がわかることば

○ススキの穂が川っぷちで旗をふった。ふさふさゆれる三角旗を、ススキの銀色の旗の波と、まっ白いノボリに送られて、ノリオの父ちゃんは、いってしまった。
○母ちゃんは「ハイキュウ」によばれていった。
○川と、ノリオと、母ちゃんの、……ひとつづきの「追いかけっこ」は、戦いの日のあいだ続いていた。
○母ちゃんは日に日にやつれたが、ノリオは何も知らなかった。
○悲しそうな役場のサイレンが、とぎれとぎれにほえだすと……しめっぽい防空壕の暗闇で……ノリオは……泣いた。
○「B29……」小声で母ちゃんがいう。
○ノリオは空のふしぎな雲と、頭巾の中の母ちゃんのひきしまった横顔を見くらべていた。
○母ちゃんが、お米一升とかえてきたノリオの黒いゴムぐつ。

○朝のうち、ドド…ンとひびいた何かの音。
○母ちゃんは、この日の朝早く汽車にのって、ヒロシマに出かけていったという。
○黒いきれをたらした電燈の下に、おとなたちの話が続いていた。
○ススキがまた、銀色の旗をふり、父ちゃんが戦地から帰ってきた。父ちゃんは小さな箱だった。
○あの日の朝、母ちゃんはヒロシマで焼け死んだという。
○暗いヒロシマの町には、死がいから出るリンの火が、いく晩も青く燃えていたという。おりかさなってたおれた家々と、おりかさなって死んでいる人々のむれ……。

(2)　ノリオに残っている父ちゃんと母ちゃん

①父ちゃん

○ススキの穂が川っぷちで旗をふった。……ノリオの父ちゃんは、いってしまった。
○暗い停車場の待合室で——父ちゃんの固い手のひらが……ノリオの小さい足をさすっていたっけ。
○青空には……せんに見た父ちゃんのタバコの煙のような、白いすじがスルスルと生まれていた。
○ススキがまた、銀色の旗をふり……父ちゃんは小さな箱だった。

②母ちゃん

○あったかい母ちゃんのはんてんの中でノリオは川のにおいをかいだ。
○あったかい母ちゃんの背中の中で、ノリオは川のにおいをかいだ。
○母ちゃんの日にやけた細い手が、きつくきつくノリオを抱いていた。
○濡れたような母ちゃんの黒目にうつって、赤トンボが、……川の上をどこまでも飛んでいった。
○ノリオは小さいお尻のはたに、母ちゃんのおしおきをうんともらう。
○母ちゃんの手で、川っぷちの砂の上につれもどされる。お尻のはたのおしおきも、もういちど。
○ふとおしつけた母ちゃんの胸が、とっきんとっきん、なっていた。

○母ちゃんと、やっと出てみた青空。
○「Ｂ29……」小声で母ちゃんがいう。
○頭巾の中の母ちゃんのひきしまった横顔。
○母ちゃんが、お米一升とかえてきたノリオの黒いゴムぐつ。
○何もかもしてくれる母ちゃんのあの手。ぴしゃり、とお尻をぶつ、あったかいあの手……。

ここまできたとき、こういう形でしかノリオが父ちゃんや母ちゃんの姿を思い出すことができないことの悲しさを生徒たちは一つ一つ確かめるように探すことによって真剣な表情になってきた。中でも、「ススキがまた、銀色の旗をふり、父ちゃんが戦地から帰ってきた。」（ああ、よかったなあと思う。）しかし、「父ちゃんは小さな箱だった。」（父ちゃんの死）の次の行の一文に触れるといっそう悲しくなると悲しみの体験を語った生徒が出た。これを聞いて、「小さな箱」とは、「遺骨箱だということか。」といって、「わからなかったことがわかって悲しみが倍になりました。」という生徒も出てきた。

そこで、私は、ここで生徒たちの悲しみの体験を引き出すことが何よりこの作品を与えた意味だと判断し、そのいくつかを生徒たちに語らせ、予定した課題をさしはさんでいくことで、読みを深めることにした。次はそのときの授業記録である。

教師「読んで悲しみを味わったところがあればもっと教えてほしいな。」
生徒「川っぷちにはもう青いイヌフグリが咲いて、タカオが父ちゃんと自転車でとおる。タカオは自転車のうしろで笑っていたぞ。大きな、たのもしそうな、タカオの父ちゃん。というところと、白い日がさがチカチカゆれて、子どもの手をひいた女の人が、葉ザクラのあいだを遠くなった。という表現につきあたってノリオの置かれている立場がいっそうたまらない悲しさとして迫ってきました。」
教師「ノリオが父ちゃんも母ちゃんも失ったあとのことだからね。目にしみたろうね。」
生徒「それから、最後のところですが、ざあざあと音をます川のひびきの中で、ノリオがサクッ、サクッ、サクッと鎌をつかいながら母ちゃん帰れ。母ちゃん帰れよう。と叫んでいるところは、ノリオの声がいつまでも耳もとに響いているようで悲しい。」
教師「いつまでも耳もとに響いているとして受けとめた悲しさ。もちろん表現が現在形をとった叫びになっているからだろうね。文法的には命令形になっているが、それだけでは、言い切れないものが訴えられていそうだね。」
生徒「悲しみ以上に、母ちゃんに呼びかけることによって、怒りをぶちまけているような気さえします。」
教師「なるほど、怒りというのは何に対して。」
生徒「自分が知らないまに父ちゃんや母ちゃんを奪ったものに対して怒りや憤りをこめているように思ったんです。」
教師「ことばをしっかり受けとめた読みだね。いぬいとみこさんも、そんな読みを期待していたのかもしれないな。ところで、幸せな二歳の神さまだったノリオと川とはどのようにかかわってくるのだろうか。」
生徒「二歳の神さまというのは、戦争の何ものかもわからず、記憶に悲しみのない時代のことだと思うし、一日中遊んで暮らせたころのことを表していると思います。川は、昔ながらの川の声をひびかせて、日の光を照り返しながら、いっときもやまず流れ続ける。ということから永遠を感じます。それは、ノリオの悲しみや怒りや憤りをずっとずっとのせて流しているものと読めるかもしれません。」
生徒「それもそうかもしれませんが、川は自然であって、人間の作り出した戦争を対照化し、ノリオの悲しみをいつまでも慰めようとしているものだと考えます。」
生徒「川は時の流れを表し、ノリオの悲しみや怒りや憤りが川の流れるかぎり消えないことを表していると思います。」
教師「川が永遠を表している。その流れはノリオの心情と無関係ではない。川とノリオの〈と〉という助詞は、対立の働きをする〈と〉ではなく、切れない関係にあるということを表す働きを示しているようだね。」

ここまできて、私は、生徒たちの中に何が生まれてきているか察することができるようだった。そこで、この読みを通して、この作品そのものをどう受け止めるかを問いかけた。次に、生徒たちの発言である。

①早春の項で、ノリオは小さい神さまだった。金色の光につつまれた、幸せな二歳の神さまだったから、夏の項で、悲しそうな役場のサイレンが、とぎれとぎれほえだすと、……でノリオの生活の明と暗がくっきり分かれていて、戦争そのものが憎くなります。

②何もかも、よくしてくれる母ちゃんのあの手。ぴしゃり、とお尻をぶつ、あったかいあの手……。と終わりは……。になっているが、ノリオにとってこれ以上母を呼びおこしても母の姿は返ってこないのではないか。ノリオの悲劇はこれ以上母を知ることも書くこともできないところにあるということで、悲しみの向こうに戦争のこわさをみることができます。

③実感として涙のかれた悲しさを覚え、許せないという憤りの気持ちも感じます。ほんとうに読んでよかったと思います。

六　授業を終えて

戦争文学を通して、戦争が意味しているものをしっかりと受け止めさせていく。そんな願いと期待を持って二時間の授業をした。しかし、まだ大きなものを積み残しているような気がする。悲しみから憤りへ、確かにそんな心情へ達した生徒がいる。しかし、心底から悲しみが怒りや憤りに達するにはもっと数多くの文学体験が必要かもしれない。「ほんとうに読んでよかった。」ということばの背景にだんだん真実を見定め、正しさをつくっていく子どもの心が強く育つことを願っている。

子どもの心に育てようとするものをまず教える者の心に育てることだとしみじみ考えているこのごろである。

5　「問い」を軸に理解と表現を関連づけた文学教育
――武田泰淳の「信念」を中心に――

一　はじめに

私たちが戦後なじんできた言語活動「聞くこと・話すこと」「読むこと」「書くこと」及び「ことばに関する事項」の内容構成による学習指導要領は、現在、言語行為に視点をおいた「表現」「理解」及び「言語事項」によって内容を構成し、国語科教育を方向づけている。言語活動から言語行為への転換は、言語活動を個別的にすることから、総合的学習指導を通して、学習内容に組織的・有機的な関連をもたせ、学習活動に充実とゆとりを持たせようとしたものだといえる。

しかも、目標において、「国語を正確に理解し表現する能力を」「国語に対する認識を」「言語感覚を豊かに」にみるように、国語能力育成の立場を明確にし、言語教育としての国語科教育から人間の言語的存在を一層きわだたせてきている。

また、内容が「表現」「理解」「言語事項」と配列されていることは、言語による表現力を中核として、理解力を関連づけ、言語行為としての「表現」「理解」の領域を通して「言語事項」を習得させることを示している。

こうした学習指導要領の改訂（昭和五十二年七月二十三日告示）の骨子を十分認識して、国語科教育としての文学教育を考えることにした。

二　授業設計の観点

言語教育としての国語科教育固有の指導内容が明確になってきたということは、授業設計に当たっての創意工夫がそれだけ必要である。私は、中学二年生に「文学的文章――小説――を読む」を設定して、授業設計の観点を次のように考えた。

1　指導内容の精選を図ること
①自分の考えを深めて、主題や要旨がはっきり分かるように表現すること（表現イ）
②文章の主題や要旨をとらえ、それについて自分の考えをもつこと（理解エ）
③文章を読んで人間、社会、自然などについて考え、まとまった感想をもつこと（理解カ）
④表現の仕方や文体の特徴に注意して読むこと（理解キ）

2　理解と表現のきり結びを図ること
①作品の題名をつけること
②題名を考えつづけること
③読んでは書き、書いては読むこと

3　学習の総合化を図ること
①グループ学習を行うこと
②何を学んだかを問うこと

以上のような観点のもとに、武田泰淳の「信念」、志賀直哉の「正義派」、魯迅の「小さな出来事」の三作品をもって単元を構成し、人間が生きることの問いを深め、問いを残すという、読者を育てる文学教育を考えた。

三　読者を育てる指導観

文学は、現実のできごとよりも真実に迫る力をもっている。こうした文学にわたしたちはどのようにかかわってきたであろうか。「ものを読む人、かならずしも、読者ではない。……まず、リーデングということが行われ、そのうちに、それ自身を意識するリーデングが生まれるようになってはじめて、読者が誕生する」（『近代読者論』外山滋比古・みすず書房・昭和四十四年）と、「読者の誕生」が叫ばれて、作品や作家に焦点を当てた読みで説明のつきにくかった問題を、主体的な読み方という面から読みに吟味を加えていく関心が高まってきている。それは、国語教室の中での読みのあり方を、より鮮明にすることであり、新たに問うことでもある。そして、「理解」領域の中で、どのような読者を育てていくか、どうすることが読者を育てることになるのか、それはまた、「表現」領域とどうかかわってくるか、読みにおいて言語的に自立するとはどういうことかに目をすえることにもなってくる。

こうした点から、読みの学習をどう機能させればよいか、特に読者の自立を図り、生きぬく「問い」を起こし、「問い」を育て、「問い」を残していくには、どのようにすればよいかが読者を育てる読みの指導の課題になってくる。

中学校二年生ともなると、考えつづけたい、問いつづけたいという人生上の問題や課題をもっている。中でも「何のために生きぬくのか。」「満ちたりて死ぬとは、どう生きたらいいのか。」「自分はいったい何をすればいいのだろうか。」というような人間存在の原点を問うようなものが多い。つづいて「愛」「自殺」「自然」「自分の将来」「人間関係」「未知の世界」「戦争」「平和」。さらに、「人間の誕生」「差別」「人権」「平等ということ」、そして、「言葉ははたして武器になるか。」などである。

こうした生徒たちの多様な問題や課題に対して、国語教室でどのように応えていくか、また、問題の核心に肉薄していくか、文学作品のもっている人生上の諸問題に鋭く迫る新鮮な出会いをどう実現するか、それはまさに生徒と教材との間に「問い」を喚起する教師の「問い」にかかってくる。

ところで、この期の読書傾向をみると、いわゆる文学作品として、ゲーテ、シェークスピア、ユゴー、ヘッセ、ブロンテ、モンゴメリーから「アンネの日記」にいたる外国文学が多く親しまれ、日本文学では、近代文学史的必修教養番組と考えられる夏目漱石、森鷗外、芥川龍之介を始め、現代作家の星新一、北杜夫、横溝正史などの作品が比較的多く読まれている。

さらに、生徒たちが「小説・物語を読む楽しさ」として挙げているのは、「その作品の主人公の気持ちになりきって、その人物とともにいろいろな体験ができること」「自分とは違う生き方をしている主人公について考え、自分と比較できること」「友だちとの会話を豊かにできること」「読みながら想像できること」「小説・物語を読むと、動物とお話できるように思うこと」などである。

また、学習活動に対する要望として、「感想の伝え合い」「感想の弁論大会」「登場人物評討論会」というものを始め「作者は何を書こうとしたかを深く掘り下げていくこと」などで、作品に対する読者のかかわり方を問題にしている。

したがって、ここでは、できるだけ多様な読みを掘り起こしていくような学習活動を設定し、読みに吟味を加えていかせる。そこから、より深い人間認識をもたせ、読者として自立していくようにさせる。そこで、教材が短編文学である特徴を生かして題名を問うことから切り込むことにする。

四　「信念」（武田泰淳）の教材観

「われわれは、人間の美しさ強さをありがたがるが、しかし、同時に人間の醜さや弱さもありがたがっていいのじゃないだろうか。」（「人間をささえるもの――文学と宗教――」）という武田泰淳の言にみるように、人間を二元的にとらえていくところに彼の人間観をみることができる。それは、同時に人間の歴史そのものが二元的世界をもった相対的価値の世界であり、分裂した世界であるという考えにもつながっていく。「信念」（昭和五十三年版 三省堂現代の国語(三)）は、いわばそうした歴史観を縮約して結晶させた作品だといえる。

歴史の中で、戦いにおける将軍は将軍として、そして今は、元将軍としてだれにも会わず、分身としての銅像を掘の底へ沈める生き方を、老婆は、息子を戦場に送った母として銅像を拝み、息子の生を信じる生き方を、青年は将軍の銅像を倒すことで新しい価値観を樹立する生き方を示しながら、それぞれが自分のよって立つ信念をもって歴史の中を生きぬいているのである。まさに、「信念」は、人間の主体性の感覚という活気に満ちた部分を描いたもので、それは、だれもがもっている人間性の弱さにうらうちされた強さによって形成されていく人間の歴史そのものを示したものだといえる。

思うに元将軍は、老婆と青年の二重の信念に告発されながら、やはり自分の信念を生きているのである。

五　指導目標と計画

1　指導目標

（昭和五十二年七月二十三日 文部省告示 中学校学習指導要領）

(1) 読んで、感想を深め、生き方や考え方に対する自分なりの考えをもつことができるようにする。（B　理解エを生かす。）

(2) 表現の仕方に注意して、登場人物の性格や心情を読みとる力を養う。（B　理解キを生かす。）

(3) 登場人物の生き方や考え方の違いを吟味し、主題をとらえる力を養う。（B　理解エを生かす。）

(4) 多角的な読みを通して、何を学んだかを明らかにしながら生き方や考え方の問いを表現できるようにする。（A　表現イを生かす。）

2　計画（七時間）

第一次　通読し、どんな疑問や考えをもったかを書いて発表する。……一時間

第二次　難語句等を調べ、題名をつけ、その理由・根拠を考える。……一時間

第三次　どうしてそんな題名をつけたか、同じ題名ごとにグループをつくり、その理由・根拠について話し合い、みんなに発表する。……二時間

第四次　自分たちでつけた題名を話し合ったのち、本題名を聞いて、今までの考えがどう変わるかを書いて、発表し合う。……一時間

第五次　「信念」が何を問いかけているか、人間の見方にどういう発見があったかを書く。……一時間

第六次　「信念」を通して、生き方や考え方の上で何を学ぶことができたかを話し合う。……………………一時間

六　授業実践

読み手（読者）の問いは授業の切り込みにかかっている。

生徒たちが読みの学習において、読むことがおもしろく、楽しく価値ある経験と思うならば、読みにおいて要求される努力は、読みから得られる能力や利益に比べれば、小さい。

おもしろさ、楽しさを味わいながら気づき、かつ、能力をつけ、問いを深めていく授業。それは、学習の中に問いを持ち込むことによって始動する。そこに何か一定の解答があるわけではない。自ら問い、探り、気づき、問いを深化していく中で能力は付随してくる。そう考えて、武田泰淳の「信念」という短編小説の題名を消去して授業に切り込んだ。

以下、指導計画に従って述べていくことにする。

第一次　疑問や考えの発表

○疑問や考えの中から三例を示す。

①将軍は故郷へもどってきたのになぜだれにも会わなかったのか。私なりに考えると、将軍は戦いに負けて、やつれて帰ってきた。戦いでは、部下たちが忠実に彼の命令に従って命をすてた。それに気がねをして将軍はだれにも会わなかったのだろう。老婆の言葉「あのかたが生きてござっしゃれば、せがれも生きているでさ。……」を聞いて、ぎょっとしたのもそのせいにちがいない。

また、元将軍が自分の銅像を掘に沈めたのは、老婆に会うのが恐く、地面に転がった銅像を見るのがつらかったからではないか。そして、老婆が元将軍につばを吐きかけたのは、息子も堀へ落ちたように思ったからであろう。

それにしても、どんな題の作品なのだろうか。

②元将軍は、自分自身の銅像に元気のよかった日のことを思い出しながら、会っていたのだろう。老婆は、堀へ落とされた銅像を見て、自分の願いがくずれさっていくように思えたのだろう。しかも、つばをかけたのが銅像の本人であることは皮肉だ。その皮肉こそ戦争のきずあとではないか。

③将軍は、だれにも会わず、自分の銅像をこっそり見ながら歩き回る。しかし、銅像は倒され、その銅像が老婆の息子を思う願いになっていたことを知る。そして、どろで汚れた銅像を掘へ落とす。時代の移り変わりを感じる。

自分がある立場に立たされたとき、どういう行動をとればいいのかを考えさせられる。

第二次　難語句等の学習と題名つけ

○生徒たちの比較的自由な作品に対する疑問や考えの発表（第一次）を受けて、難語句等を調べ、題名へ問題意識を焦点化していく。

○難語句等は、登場人物に関係づけて、国語辞典、漢和辞典で調べさせ、解説する。

将軍……憔悴　盗み見る　立ち去りかねる　師団　足がすくむ　分身　さらし者　人知れず～する　ぼうぜんと

銅像……サーベル　傲然と　打ち捨てられる　空を仰ぐ

老婆……公報（実物を見せる）のろう

○題名が、作品の象徴的記号だと考えれば、何を読み出すかが読者の問題になってくる。そこで、作品の構造に迫り、同時に、作品の主題にも肉薄していけるように、題名に対する理由・根拠を作品から読み出すようにさせていく。

次は、生徒たちがつけた題名の一覧である。

①「将軍」を使っているもの

傲然とした将軍の陰／将軍の悲劇／元将軍の心／将軍と元将軍／憔悴と元将軍／将軍の分身／さびた将軍など

②「銅像」を使っているもの

銅像／銅像に託した愛／青い銅像／丘の上の銅像／故郷の銅像／銅像と魂／銅像は息子／倒された銅像／堀に落ちた銅像／偉大なる銅像／みじめな銅像／傲然とした銅像など

③「老婆」を使っているもの

老婆の怒り／老婆／老婆の祈り／老婆の願い／裏切られた老婆／のろいをかけた老婆／老婆の信じる心／老婆の生きがいなど

④「老婆」と「銅像」を使っているもの

老婆と銅像／老婆の命、銅像／銅像と老婆／老婆の心が入った銅像／銅像を守る老婆など

⑤「将軍」と「銅像」を使っているもの

将軍の銅像／将軍と銅像／銅像の将軍／銅像と将軍／ぼうぜんと立つ将軍と銅像／みじめな銅像と将軍など

⑥「将軍」と「老婆」を使っているもの

将軍と老婆／老婆と将軍／孤独な元将軍と老婆／将軍と老婆の怒り／老婆の思いと将軍／将軍と老婆の心など

⑦「将軍」と「銅像」と「老婆」を使っているもの

将軍の銅像と老婆の将軍／老婆と将軍の銅像／老婆の将軍銅像／将軍の銅像と老婆／将軍の銅像と老婆の愛など

⑧その他

自分を殺す瞬間／罰当たり／英雄の足跡／夕闇／自業自得／自分の姿を見た英雄／せがれの命／あのおかた／わが分身の姿／忘れがたき英雄／心など

以下、題名に関する理由・根拠の数例を示す。

①「さびた将軍」

将軍が自分の銅像を自分で掘の中へ落としたというのに、老婆に「なんていうことをするだ！　罰当たり！」といわれるように、昔と今の将軍の姿のちがいからこの題名をつけた。

②「傲然とした銅像」

銅像はまだサーベルを握って傲然と町を見下ろしていた。ある日、青年たちの手で打ち倒され、枯れ草の斜面をずり落ち、鈍い音をたて、堀の底へ沈んでいった傲然とした銅像が頭の中に映ったから。

③「老婆の生きがい」

老婆は、将軍の銅像を毎日拝みにきて、息子は将軍と一緒に生きて帰ってくると信じていた。拝みにくるのが帰ってこない息子に向けてのただ一つの生きがいだったと思ったから。

④「老婆と銅像」

打ち倒された銅像に花束をあげ、本当に老婆は将軍を尊敬していたと思う。「あのかたが生きてござらっしゃれば、せがれも生きているでさ。あのかたが死になさったら、せがれも死んでるでさ。」と自分の息子の一生と将軍の一生とを同じようにみている老婆の銅像に対する気持ちが強く残ったから。

⑤「将軍と銅像」

銅像というのは、将軍の銅像だから、将軍と銅像は同一人物。それなのに誰もそれを気づかない。老婆もそれに気づかず、将軍に銅像のことを「あのかた」と書いているから。

⑥「将軍と老婆の心」

打ち倒された自分の銅像がさらし者になっていると思って堀へ沈めてしまった将軍のあわれな心と、老婆のせがれに対する思いの銅像が堀へと落とされてしまった悲しみと怒りの心がかみ合わないまま終わっているので、この題にした。

⑦「将軍の銅像と老婆の愛」

将軍の分身が銅像で、その銅像が生きたものとして、一老婆が将軍を信頼し、息子への思いを一心にかけているから。

⑧「心」

老婆の息子を思う心、老婆の将軍をうやまう心、将軍の自分をみじめに思う心、この三つの心から題をつけた。

⑨「夕闇」

将軍が自分の銅像のあわれな姿を見て、自分のことのように思えて、夕方、銅像を掘へ落とすことに成功。そのとき、将軍をしたっていた老婆が怒って、元将軍を突きとばし、のろい、つばを吐きかけ、泣き叫びながら丘を走り下りて行ってしまうところで、将軍と夕闇の静けさが後に残ったから。

⑩「自業自得」

将軍は、自分で自分を掘へ落とした。戦争で自分だけが生きのびて帰ってきたむくいからではないか。

第三次　題名ごとのグループ学習と発表

読むことが未知の世界を切り拓く作用をもっているのは、読むこと自体の中にあると同時に、読みの意味をかわし合うことから生まれてくる。特に題名を創出するということになると、読者としての創造的な活動が積極的に加わってくるだけに多様性が出て、言語へ回帰して作品とのかかわりを熱いものにすることができる。

しかし、現実は、読みを中心にすえて生徒たちの間に深いコミュニケーションをもたらす場は容易にはできない。そこで、上記の（①〜⑧の題名の一覧）題名分類によるグループを編成し、自分たちがつけた題名について、「登場人物の将軍、青年たち、老婆は何というだろうか。」という話題を提供してグループ学習と発表会に入った。次はその骨子である。

①「将軍」グループ…将軍は満足かもしれないが、他は将軍の幻想としての銅像が問題だよというだろう。

②「銅像」グループ…三者ともかかわっている。しかし、三者とも思いは違う。

③「老婆」グループ…老婆の願いや祈りは伝わってくるが、他の二者は、むしろ老婆とは反対の立場にあり、将軍と青年たちの思いも違う。

④「老婆」と「銅像」グループ…将軍や青年たちの銅像に対する思いはどうなるのだろう。時代の移り変わりを何か言いたかったに違いない。

⑤「将軍」と「銅像」グループ…青年の主張や老婆の願いが出てこない。これだと「二人の将軍」ということになる。

⑥「将軍」と「老婆」グループ…将軍と老婆の関係は、打ち倒された銅像に始まる。青年たちは新しい時代を予告して、二人に今までにない意味を投げかけたのであろう。

⑦「将軍」と「銅像」と「老婆」グループ…青年たちがいなかったら、将軍と銅像と老婆との間に新しい関係は生まれなかったであろう。青年たちは他の二者の影の力になっている。

⑧「その他」のグループ…三者の言葉を使わなかったが、何か三者に共通したものでもあるのか、それとももっと暗示的か、もっとはっきりしたものがあるのだろうかむずかしい。

第四次　本題名と読みの変容

題名を中心にすえて、登場人物相互のかかわりを考え、作品が何を問いかけているか、問いの膨張感がみなぎったところで本題名を示し、読みの質がどのように変わるかを書かせて発表し合わせた。次にいくつかの例を紹介する。

①ぼくは、最初「将軍の銅像」と題につけた。だが、それは文章の中に出てきた単なる言葉の一つにすぎない。やはり、文

章をよく読むと「信念」は、老婆の息子を思う気持ちと将軍も過去の栄光をつらぬき通そうとする気持ちとが見事にすくいとられた題で、読みがぴったりしてくる。

②私は最初、将軍を中心に考えていたけれど、「信念」という題がついていると知って、この作品は、将軍中心じゃなくて、老婆が中心でついている題かなと考えました。最初、老婆より将軍のほうが出番が多かったので、私は将軍中心の題をつくりました。でも、「信念」という題を考えて読むと、何となく題がついた気がわかるようで、やっぱりわからない変な気がします。

③老婆は、毎日銅像を拝みに来ていたと告げた。「信念」とは、将軍が生きていたらせがれも生きていて、将軍が死んだら、せがれも死んでいるといった老婆の信じる心のことと思います。

本題名を示した後の読みの質は右の①・②・③のタイプに分けられる。中でも③の「老婆が息子の生を信じている。」ととらえた生徒が多い。そこで、私は「信念をもっているのは、老婆だけであろうか。」という問い返しをつきつけて、第五次へつないでいった。

第五次　「信念」の主題と人間の発見

①将軍は、今では戦争中の信念を失っている。しかし、老婆は、戦争中と変わらない信念を持ちつづけ、息子の生を信じ切っている。一方、青年たちは、新しい社会への信念に生きて将軍の銅像を打ち倒した。それを見た元将軍は、自らの誇りに生きる信念をつらぬくために銅像を掘へ沈めた。

戦争とは社会の状況だけを変化させるだけでなく、やっぱりそう生きるしかないという人間の堅い心（信念）をつくっていくものだということがわかった。

②老婆の信念、それは「せがれはきっと生きている。」ということだと思う。将軍の信念。たとえ憔悴していても消えたとはいえまい。青年たちの信念。一つの時代の終わりと新しい時代への転機を宣告する生き方に出ている。

人間は、おかれている状況の中で生きる。「信念」に生きることは、逆に人間の信念の弱さを見つけさせてくれたような気がする。

こうして、「信念」が登場人物全体を通して織りなされていること、読みを広め、かつ深めていくことができたのではないかと考えている。しかし、文学が形象を通して語るものだけに、「信念」が自分の生き方や考え方にどうかかわってくるかの問いが残る。

第六次　生き方や考え方の上で学んだこと

①この学習を通して、自分の考えた題より「信念」のほうがつくづくいいと思った。改めてたくさんの本を読み、書きしなければならないと思った。

②たった二文字の「信念」だけで深い意味を持っていることがわかりました。

③「信念」を通して、理屈を超えて堅く思う心を老婆によって思い知らされた。

七　おわりに

読者を育てるという観点から、指導事項を析出し、問いを起こし、問いを残すねらいのもとに、理解と表現との関連を図りながら指導を展開してきた。読者が自立していくというのは一度きりの実践でかなうことではない。本単元は、あと「正義派」と「小さな出来事」との読み比べの実践をしている。

最後に、「信念」「正義派」「小さな出来事」が読む人に「どんな人生的社会的歴史的意味を投げかけているのだろうか。」と、まさに終着駅のない問いを放ってチョークを置いた。

6 「夕鶴」（木下順二）の授業

一　教材内容と指導目標

1　教材内容

この作品（昭和五十六年版 光村図書 国語三に掲載）は、中学校三か年間における表現・理解の総合的な力を養うのに適した教材である。特に戯曲の特徴を生かした肉声による表現。ナレーターによる作品の解説。与ひょうがつうを探してさまようときの詩的表現の創作を加えた作品の解釈。さらに、登場人物の性格や心情、作品の主題などを演じることを通して感得し、認識していくという、まさに言葉を実感として体得することができる教材である。

なかでも、登場人物の言葉づかい（つう・共通語、与ひょう、惣ど、運ず、子どもたち・方言）と人物の性格との関係。そして、各人物のせりふがはたらきかけ、からみつき、響き合って創り上げている作品の世界。それをせりふの言語的特徴（何度か出てくる表現や表記、助詞の使い分けなどの言語事項）と作品の内容とを重ねていくことで、表現と理解の関連を図った言葉の力をつけていくことができる。つまり、直線的、平面的文字言語を音声言語に転換して、登場人物をよみがえらせ、表現を立体化させていくことを通して、表現に意味をのせた言葉の表情を学ばせていくことができる。

こうして、美しい日本語への関心を喚起し、それを味わい育てていく態度を形成していくことが、文学教材における表現と理解、そして、言語事項の総括的総合学習としてのこの教材を生かすことになる。

2　指導目標（評価目標）

（昭和五十二年七月二十三日　文部省告示　中学校学習指導要領）

①　文章の特徴を生かすように朗読し、味わい方を深める。（理解）　B理解ク

②　適切な音声、言葉づかい、速度などで話したり朗読したりする。（表現）　A表現ケ

③　話し言葉と書き言葉、共通語と方言、音声と文字、表記の仕方などについて理解し、また、敬語の使い方を身につける。（言語事項）　言語事項(1)カ

④　表現の仕方や文体の特徴に注意して読む。（理解）　B理解キ

⑤　文章を読んで人間、社会、自然などについて考え、まとまった感想をもつ。→自分の考えを深めて、主題や要旨がはっきり分かるように表現する。（理解）→（表現）　B理解カ→A表現イ

⑥　戯曲に親しみ、進んで読んだり、演じたりしていくようにする。（関心・態度）

⑦　言葉に対する認識を深め、相手を考えて適切な表現をしていく態度を養う。（関心・態度）

二　指導計画と評価の方法

1　指導計画

第1時　教材に対する興味・関心、特に戯曲の特徴について考えた後、通読し、最も印象に残ったことを発表する。

第2時　「夕鶴」という題名を考え、キャストを決めて読む。

第3時　登場人物の性格、年齢、特徴などを考え、疑問に思うところを出し合い、何が訴えられているかを話し合う。

第4時　疑問点を中心に、主題について話し合う。
第5時　独白（モノローグ）を中心に、朗読の練習をする。
第6・7時　班（六名）ごとに演出を考え、キャストを決めて朗読する。
第8時　班（六名）ごとに朗読を発表し、評価し合う。
第9時　この作品を読んで、主題のもつ意味をどう考えたか、疑問を深めて感想文を書く。
第10時　感想文をもとに、人間、社会、自然、そして、劇の言葉について話し合う。

2　事前指導と評価（診断的評価）

戯曲というのは、上演を目的とした演劇の脚本だけに、朗読による作品理解が重点指導目標になってくる。したがって、戯曲に対する関心の度合い、それに関する知識や先行体験の有無、さらに、朗読に対する興味を十分把握して目標実現にあたる必要がある。また、戯曲を通して学習できることは何か、昔話や民話の魅力をどう考えているかなども調べ、教材に対する関心・態度、意欲の向上の手立てとしていく。

次は、診断的評価の結果の一部である。

①戯曲に対して、三六％あまりの生徒が強い関心を示し、②「夕鶴」を読んだ生徒は皆無に等しいが、ほとんどの生徒が「鶴の恩返し」「鶴女房」の話は知っている。③劇の体験者が一五％近くあり、④朗読に対しては、四〇％近くの生徒が強い興味を示し、⑤朗読する上で大切だと思う点を「人物の性格や心情が表れるように読む。」三六％、「声（抑揚、大小、強弱、緩急）に表情をつけて読む。」一三％、「声量豊かに読む。」一五％、「間を生かして読む。」一〇％、「発音、発声を正しく、語尾をはっきりと読む。」八〇％、「正確に読む。」七〇％（以下略）と考えている。⑥戯曲の学習として、「表情ある表現力を身につけることができる。」三七％、「言葉の速度や間のとり方

を学ぶことができる。」二四%、「話し言葉を豊かにすることができる。」二一%（以下略）というように考え、⑦民話や昔話の魅力を感じている生徒が七四%ほどいる。

右の診断の結果、「表情ある表現力を身につける。」ことを達成目標として、「人物の性格や心情が表れるように読む。」ことを中心にすえて、重点目標実現の学習計画を仕組んでいった。関心・態度・意欲の育成に関しては、発音練習として「五十音」（北原白秋）を授業始めに言わせ、せりふやしぐさ（ト書き）の表現に柔軟に入れるよう配慮した。

3　事中指導と評価（形成的評価）

戯曲の特徴を生かした指導として、題目やせりふ、しぐさ（ト書き）などをどう内在化させながら、表現活動させていくかである。次は指導計画に基づいた展開例である。各時とも評価にかかわるところだけを析出して掲載することにした。

〈展開例・第1時～第10時〉

指導事項	学習活動	評価場面	評価方法
○戯曲の特徴について考える。（第1時）	○他のジャンルとどんな違いがあるかを発表する。 ○「夕鶴」について、知っていることを発表する。 ○通読して、最も印象に	◇他のジャンルとの違いをみんなに説明できているかどうか。 ◇見聞をみんなに紹介できるかどうか。 ◇みんなに分かるように表	●指導目標達成のための学習展開をどう仕組むか、診断的評価を行う。 ●演劇や戯曲に対する関心や興味が発言できているか。 ●ストーリーをおさえて指摘しているか。

	残ったせりふやしぐさなどを読み聞かせる。	現しようとしているかどうか。	●難解語句や漢字はないか。
○「夕鶴」という題目を考える。（第2時）	○「夕鶴」という言葉から持ったイメージを発表する。	◇みんなにイメージを描写的に説明しているかどうか。	●ノートに簡単に絵が描けるか。
	○「夕」の字のつく言葉を思い出すだけノートに書きつける。	◇三〇語くらい書けているかどうか。	●一人に一語（前者の発表は除く）言えるか。「夕」の「短さ」が分かっているか。
○登場人物の性格、年齢、特徴などを考える。（第3時）	○登場人物の考え方や行動を話し合う。	◇班で話し合いができているかどうか。	●せりふやしぐさ（ト書き）を根拠にして説明しているか。
	○登場人物の性格、年齢、特徴などを書き出す。	◇各班とも各人物について、項目ごとにノートに書けているかどうか。	●ストーリーの展開やせりふ（共通語・方言）しぐさ（ト書き）から解釈しているか。
○主題をとらえる。（第4時）	○この作品から考えさせられたことは何か意見をかわす。	◇各自ノートに書いているかどうか。	●道徳的なとらえ方になっていないか。（もしそうだと、「つう」に視点を当てさせる。）
	○登場人物が背負っている意味を話し合う。	◇「つう」を視点にした解釈がされているかどうか。	●「鶴の恩返し」や「鶴女房」との違いが言えているか。
○心情を込めて朗読する。（第5時）	○登場人物の心情が表れるように読む。	◇そのときの場面や様子などを説明できるかどうか。	●モノローグの心情を出しているか。（十分でなければ、ト書きから判断させる。）
	○ト書きに合った朗読をする。	◇ト書きの意味をストーリーの展開の上から説明	●対話の心情を出しているか。（声量が乏しければ、五十音の発音練習をさせる。）

○演出を考え朗読する。（第6・7時）

○情景や心情が聞き手に分かるように朗読する。（第8時）

○主題のもつ意味について考

○主題、情景、心情などを汲みとって読む。

○表現の仕方を工夫して読む。

○参考に「ぶどうの会」の「夕鶴」公演の録音の一部を聞く。

○その場面の情景や人物の心情が生きるように読む。

○その場面の情景や心情にひたって読む。（作品の解説を入れ、惣ど、運ずが登場するまでの場面とつうが与ひょうの願いを聞き入れて機を織りはじめ、別れていく場面までを班の朗読発表とする。）

○「つう」のせりふの中に何度も出てくる言葉（清

できるかどうか。

◇各班、キャストを決め、役になりきろうとしているかどうか。

◇作品の解説や詩を創作する班の話し合いができているかどうか。

◇「せりふ」の言い方に対するメモをとっているかどうか。

◇各班の協力が出ているかどうか。

◇各班とも演出が工夫されているかどうか。

◇発表班以外の班の全員、評価用紙（下記の評価の観点を、非常によい：5、よい：4、普通：3、劣る：2、非常に劣る：1）に真剣に記入しているかどうか。

◇「つう」のせりふの中に傍線を入れて印をつけて

●朗読に表情が出ているか。（そうでなければ、子供たちのせりふを一斉練習させる。）

●作品の解説や詩（つうを求めてさまよう与ひょう）を朗読の中に組み入れているか。

●繰り返し練習しているか。（行きづまりはト書きを通してせりふの表情を分からせる。）

●重点目標の形成的評価を行う。	評点
●発音・発声は正しいか。	
●声量はあるか。	
●間のとり方は適当か。	
●人物の性格や心情が出ているか。	
●抑揚、高低、強弱などの声の表情は出ているか。	
●正確に読んでいるか。	
●姿勢は正しいか。	
合計	25点以上が目標（　　　　　）

●「あんた」「いつまでも」「いつまでもいつまでも」がいえるか。

え、感想文を書く。（第9時）	い愛の永遠性を感じさせるせりふ）と、「つう」の言葉づかいの変化（つうと与ひょうとの亀裂を感じさせるせりふ）を考える。 ○この作品の主題が自分にどのように問いかけたか、「つう」か「与ひょう」に手紙を書くつもりで、感想文を書く。	いるかどうか。 ◇読むことによって、どのように疑問がふくらみ、考えが深まっていったかを書き込んでいるかどうか。	●「ああ、あんたは、あんたが、とうとうあんたがあの人たちの言葉を、あたしにはわからない世界の言葉を話しだした……」の「は」と「が」の働きの違いに気付くか。 ●第4時の「主題をとらえる」ところで出てきた次の疑問について書き込んでいるか。 ●この物語の清らかさはどこにあるか。 ●つうは何を残して飛び去ったのか。 ●三人の目が遠い空の一点に集まったが、それぞれそこに何を見たのだろうか。
○感想文をもとに民話劇の意味と劇の言葉について考える。（第10時）	○民話劇の面白さや民話を生み出した創作のエネルギーについて考える。 ○「夕鶴」を通して学んだことについてまとめる。	◇感想文（民話のことに触れたもの四つ）を手掛かりに、人間や社会、自然のかかわりについて発言できるかどうか。 ◇戯曲の面白さについての話ができるかどうか。	●「与ひょう」を中心にすえ、鶴を女房にさせた庶民の願望についての考えが言えるか。（言えなければ、貧しさから考えさせる。） ●女にとって「機屋」とは何だったのかの考えが言えるか。（言えなければ、説明する。） ●朗読することの楽しさが言えるか。 ●内容的に「つうの愛は、破滅したからこそ永遠に生きることができる」などという主体的な発言ができるか。

4　学習指導後の評価（達成度評価）の方法と反省

感想文以外に、知的な面での達成度を評価するものとしてペーパーテストを実施した。その一例は、

①子どもたちの「おばさん、遊ぼう。……」というせりふは、最初の場合に比べてどのようにしゃべるか。（短く呼びかけるように言う。）

②つうの「与ひょう、あたしの大事な与ひょう、……」というせりふには、どんな気持ちを込めてしゃべるか。（愁いの思いを持ち、光の輪の中で、孤独になった気持ちで言う。）

③つうは「――中身を手のひらにあける。ざらざらと黄金が床にこぼれる。じっとそれを見つめている。……」そして、「これなんだわ。……みんなこれのためなんだわ。……」と言う。このときどんな気持ちを込めてしゃべるか。（おかねというものが憎らしいものだという気持ちを込めて言う。）

④与ひょうの「つう……つう……」（鶴を追うように、一、二歩ふらふらと。――）の「……」のところにはどんな気持ちが込められているか。（つうよもう一度帰ってきてくれ。約束を破ってごめんな。など）

反省として、朗読の録音をとって、朗読の評価の高かった班のものを聞き合って達成感を味わわせることが大切だと考えた。

三　発展学習と指導法の改善

生活文の戯曲化、ならびに、卒業式での呼びかけの劇化として、三年間の思い出の戯曲創作へと発展させた。指導法の改善として、一人一人にせりふの役目をもたせ、全員に朗読（群読）させること、さらに、クライマックスを実演させることなどがある。

7　現実を見るモデルとしての「坊っちゃん」（夏目漱石）との出会い

一　はじめに

文学的記号を子どもの魂にどうかかわらせていくか、それが文学教育とは何かを考える基点になる。教材の選択はそこに始まる。「坊っちゃん」は、自我意識のめざめた子どもの挑発的行為の代償行為として、精神発達上に出会いのイメージをつくる作品である。

現在、「坊っちゃん」といえば、日本近代文学史上の必修教養作品としてその筆頭にあるばかりでなく、「吾輩は猫である」とともに、人口に膾炙された漱石文学であり、かつ、子どもがマンガや劇画から本格的な文学へ親しみ、心を解放させていくまさに文学への橋渡しを図る作品でもある。

中学校一年生に漱石文学に関する読書調査をしてみると、「坊っちゃん」や「吾輩は猫である」の少年少女向きのダイジェスト版が出回っていることもあって、小学校三、四年頃からこの二作品は親しまれてきている。読むきっかけとなったのは、家の人に薦められたこともあるが、自分で何となく読んでみたいと学校の図書室で見つけたというのが圧倒的に多い。

漱石に関しては、先生や家族、友人ならびにテレビドラマの「坊っちゃん」「吾輩は猫である」から知ったという。中には図書室で『夏目漱石』という伝記を読んで知ったという生徒もいる。「坊っちゃん」に限っていえば、たとえ読んでいなくても、「夏目漱石」の作品であるということは知っており、ぜひ読みたいという生徒が多い。

しかも、読んだ経験を持つ生徒の半数近くは、好きであるという。ダイジェスト版から作品「坊っちゃん」になると、小学校六年生から読まれ始め、読書への興味を起こすきっかけにもなっているという。

現在、「坊っちゃん」や「吾輩は猫である」がテレビドラマや映画にもなり、ダイジェスト版の普及も合わせて考えると、この二作品は国民文学としての揺がぬ位置にあり、「坊っちゃん」に至っては、アメリカにおける「トムソーヤの冒険」に値するといっても過言ではないだろう。そこで、私は、「坊っちゃん」の教材化にあたって、「坊っちゃん」の魅力は何か、を中心にすえながら、そこから生徒たちに自分たちの生きている現実にかかわらせていくことをねらいとした。つまり、生徒たちに自分たちの生きている現実を見るモデルとして、「坊っちゃん」をどう機能させ、それを記号として享受させていくかを、授業づくりの焦点に当てることにした。

二　授業設計

坊っちゃんは、われわれが持っている批判精神と道徳的感受性に裏うちされた潜在的言動をヒーロー的に表現している。それだけに少年少女のフレッシュな感覚に近く、正義感に満ちて、子どもの心情を解き放つ。しかも、坊っちゃんの無鉄砲ぶりやいたずらぶりは、おのずからなる反秩序性の体現者である生徒たちに同一化され、彼らの内心において親近感を高める。

また、表現全体が坊っちゃんの語りとしての視点が明確で、身にまといつく人間関係の束縛を勇猛果敢に断ち切っていくところに、痛快なユーモアと後に残るペーソスがこの上ない魅力となっている。そこに、あたかも明治三十九年次における「坊っちゃん」の語りのレトリックが誕生するエネルギーをみる思いがする。

そこで、こうした「坊っちゃん」の魅力を生徒たちに切り結んでいく手順と指導事項を私は次のように考えた。

1　授業用の教材としては「坊っちゃん」の第一章を使う。

(1) 導入として「坊っちゃん」という言葉が与えるイメージを語り合う。

(2) 通読して、気に入ったところ、感動したところ、特に印象に残った言葉を手がかりに、坊っちゃんの人物像をとらえる。

(3) 再読して、語句や表現について調べる。

(4) 学習話題を設定し、班ごとに発表する。

(5) 「坊っちゃん」全体の第一章の位置づけとして、坊っちゃんの性格、ならびに家族的状況、その中での清との関係をまとめる。

2　第二章から第十一章までを読み聞かせる。

(1) 坊っちゃんのような生き方や考え方をどう思うか。そして、それは自分たちの生活現実とどうかかわるか、文章に書いて話し合う。

(2) 坊っちゃんが読むとしたら、どんな本を読むだろうか、理由を書いて発表する。

(3) 「坊っちゃん」全体の朗読を聞いて、印象強く残ったことを中心に感想を書く。

以上が、「坊っちゃん」を教材として使う場合の私の授業設計である。特にこの指導の中で工夫したことは、

①第一章の指導の際に、生徒たちの問題意識を喚起していく手だてとして、班ごとに異なった学習話題を設定させ、発表させていくという形をとったこと。

②指導は生徒全員に文庫本を与えてと考えたが、経済的なこともあるので、第二章から第十一章までを六時間かけて読み聞かせる形をとったこと。

③坊っちゃんと自分たちの生活との関係を自らの課題として問いを深めさせるために、読み聞かせの前に、坊っちゃんが読むとしたら、どんな本を読むだろうか。」と投げかけて読み聞かせ、班の話し合いの後に、本の種類と選んだ理由を書かせて発表させる形をとったこと。

以下、指導上の工夫点も含めて、私の実践における生徒の反応などを織り混ぜて、報告したいと思う。

三　坊っちゃんの人物像

「坊っちゃん」という言葉のイメージ

通常「坊っちゃん」といえば、他人の男の子を敬っていう語として使う。生徒たちに「坊っちゃん」イメージを語らせると、だいたい次のようである。

○家がお金持ちで、しゃれた服装をした男の子で、すましていて頭がよい。

○お金持ちの息子で、お手伝いさんがいて、少し甘ったれて、それでいてとっぴょうしもないことをしたがる。

○やさしそうで、強くて、意地っ張りで金持ちか、偉い人の子どもで、家は大きくて広く、かしこくってちょっとあばれん坊のような男の子である。

○何か言われたら、素直に何かをする男の子で、それでいてちょっとわがままである。

いずれも大同小異だが、経済的に豊かな家庭にあり、頭がよくて、少し甘ったれ、わがままであるというようなイメージになるのであろうか。そこで、第一章を読ませて、気に入ったところ、感動したところ、印象に残った言葉などを手がかりに坊っちゃんを取りまく人物や坊っちゃんの言動から坊っちゃん像をつくる性格・行動・心情等を析出させた。

○無鉄砲で度胸がある。〈学校の二階からの飛び降り、ナイフで親指の甲切り、物理学校入学へのすぐの手続き、四国辺の中学校の数学教師になる即席の返事などから〉

○わんぱくで、乱暴者である。〈くりを盗みにきた勘太郎へのしうち、友達と半日相撲を取り続けて踏みつぶしたにんじん畑、田んぼの井戸うめ、台所での宙返り、腹を立てて将棋のこまを兄の眉間へたたきつけたことなどから。〉

○自分の性格に満足していない。〈人に好かれるたちでないというあきらめ、他人が木の端のように取り扱っても何とも思わない、清がかわいがったり、ほめたりすることに対して、不審に思ったり、気味悪く思ったりする気持ちなどから。〉

○ズケズケ物を言う。〈表現全体がそうだが、おやじはなんにもせぬ男、教育のないばあさんなどという表現から。〉

○けっこう計画的である。〈六百円を三に割って一年に二百円ずつ使えば三年間は勉強ができるとして、学校に入ろうと考えるところから。〉

○無鉄砲だと言っていながら、哀しみを味わっている。〈右の手の親指の甲を、はすに切り込んだ。幸いナイフが小さいのと、親指の骨が堅かったので、いまだに親指は手についている。しかし傷あとは死ぬまで消えぬ。……三円は何に使ったか忘れてしまった。いまに返すよと言ったぎり、（清に）返さない。今となっては十倍にして返してやりたくても返せない。……汽車がよっぽど動き出してから、もうだいじょうぶだろうと思って、窓から首を出して、ふり向いたら、やっぱり（清は）立っていた。なんだか大変小さく見えたなどから。〉

以上が第一章において生徒たちがとらえた坊っちゃんのイメージをつくる性格・行動・心情上の特徴である。このほか坊っちゃんのイメージを支えるものとして坊っちゃんの家庭は「十年来召し使っている清という下女」がいるという程度の経済的状況にあるということを私の方から補足した。

ところで、坊っちゃんという言葉には「世事にうとい人。あまやかされて育ったため世間をよく知らない人。多くあざけりやののしりの気持ちをこめて用いられる。」（『日本国語大辞典』小学館・昭和五十年）という意味がある。

したがって、第二章から第十一章までを読み聞かせた後、坊っちゃんのような生き方や考え方をどう思うかを話し合うときに、助言として第五章にある「考えてみると世間の大部分の人はわるくなる事を奨励している様に思う。わるくならなければ社会に成功しないものと信じているらしい。たまに正直な純粋な人を見ると、坊っちゃんだの小僧だのと難癖をつけて軽蔑する。」を指摘して、坊っちゃんという言葉のイメージをふくらませるよう配慮した。

四　班ごとの学習話題

坊っちゃん像をつくる坊っちゃんの性格・行動・心情等を析出させた後、班ごとに自由に話題を設定させ、話し合わせた。次は、その話題例である。

(1) 清は、どうして坊っちゃんばかりをかわいがったのだろうか。
(2) 坊っちゃんの周りの人は、坊っちゃんに対してどんな見方をしていたか。
(3) 坊っちゃんは、どうして清に「何を土産に買ってきてやろう。何が欲しい。」と言ったのだろうか。
(4) 坊っちゃんの時代の円は、今のいくらに値するのだろうか。
(5) 坊っちゃんは、親譲りの無鉄砲で親に性格が似ているのに、なぜ親にかわいがってもらえなかったのだろうか。
(6) 坊っちゃんは、清をどのように思っていたのだろうか。
(7) 清は、坊っちゃんと別れるとき、どうして「もうお別れになるかもしれません。ずいぶんごきげんよう。」と言ったのだろうか。

この話題の中で(2)の項目については、第一章のまとめへ発展させた。

父……（坊っちゃんを）見る度に、こいつはどうせろくな者にならないと言った。顔さえ見ればきさまはだめだだめだと、口癖のように言っていた。

母……乱暴で乱暴で、いく先が案じられると言った。おまえのような者の顔は見たくないと言う。
兄……親不孝だと言った。六百円出して、どうでも随意に使うがいい、その代わりあとはかまわないと言った。
町内……乱暴者の悪太郎とつまはじきをする。
清……「あなたはまっすぐでよい御気性だ」とほめる。将来立身出世してりっぱな者になると思い込んでいた。あなたは欲が少なくって、心がきれいだと言ってまたほめた。あなたはおかわいそうだ、不幸せだとむやみに言う。

まさに四面楚歌の坊っちゃん、家庭内はもちろん、町内でも木の端のように取り扱われている中で、教育はないが「家族でさえ見ぬけなかった、坊っちゃんのすばらしさを見ぬいたところに、清の人間を見る目があった。」とは、生徒の言である。「それだけ人生経験を積んでいたからであろう。」とは、私の助言であった。

しかる後、「汽車がよっぽど動き出してから……窓から首を出して、ふり向いたら、やっぱり（清は）立っていた。なんだか大変小さく見えた。」ときの坊っちゃんの心情を考えさせた。

このときの発言をまとめると、
○坊っちゃんと別れる悲しさを清の涙だけではなく、清の姿にも見た。
○そして、それは、清を別れていく坊っちゃんの心細さであり、同時に悲しみでもあった。
ということになる。

そこで、「この先を読みたいかね。」と問いかけたところ、ほとんどの生徒が、「ぜひ。」という。「じゃあ、読んで聞かせよう。」ということで、読み聞かせへ入ることにした。

五　第二章から第十一章までの読み聞かせ

読み聞かせにあたって、前もって読み終わった後の課題を事前に与えた。

坊っちゃんの生き方や考え方をどう思うか、そして、それは自分たちの生活とどうかかわるかを話し合うこと。さらに坊っちゃんが読むとしたらどんな本を読むだろうかということを話題にするということである。

こうして、「坊っちゃん」の各章に次のような小見出しをつけ、それをカードにして、黒板に貼付しながら読み進めた。

わんぱく時代／清との別れ／先生のあだ名／初めての教場／天麩羅先生／バッタ事件／赤シャツの話／山嵐と絶交／寄宿生の処分／新しい下宿へ／マドンナの正体／清の手紙／坊っちゃんの月給／うらなりの転任／山嵐との仲直り／送別会／赤シャツ退治の計画／けんかのまきぞえ／嘘つき新聞／山嵐の免職／赤シャツ・野だいこへの天誅／東京へ

六　読み聞かせ後の生徒の反応

1　坊っちゃんの生き方や考え方をどう思うか、また、それは、自分たちの生活とどうかかわるか

班ごとに話し合わせ、その後個々人に書かせ、発表させた。次はその中のいくつかの例である。

○坊っちゃんの性格。無鉄砲、正直。思ったことを決していつわらない。男らしい。人に言われりゃだまっちゃいない生すいの江戸っ子。今ではそんな人はおそらくいないだろう。今は坊っちゃんの時代とは違うが、今までこんな人と会ったこともないし、とてもいるとは思えない。現に自分は坊っちゃんがおかれていたよりいい環境の中にいるのに、坊っちゃんのようにまっすぐになれないでいる。

　しかし、この「坊っちゃん」を学習して、今までたとえいやな人でも、表では好きだなんて言っていたが、きらいはきらいと言えるようになった。
○四十円の月給をふり切って、赤シャツや野だいこに天誅を加えたように、自分のやりたいように、正義感に満ちた生き方ができたらなあとうらやましく思った。
　赤シャツのやり方にみえるように世の中はきたないし、だから、坊っちゃんのようにまっ正直にいることはむずかしい。いくら坊っちゃんのように純粋に生きていても、きっとどこかでよごれてくると思う。

　しかし、不正直な人が世の中にいっぱいいるという見方が「坊っちゃん」を読むことで見えてきた。うそつきがいるからうたがいの心をもつことができるのだ、ということもわかってきた。
○先生にあだ名をつける。床の中にイナゴを入れる。野だいこに生たまごをたたきつけるというような心のどこかに思いついたことを坊っちゃんがやってくれている。そのやってくれていることがすごい。だから、おもしろい。
　読んで、考えたことは、何事ももう少し勇気をもってやることだということ。今の自分にとって、坊っちゃんはどろどろした暗黒の中にさしたひとすじの純粋な光明のような気がする。

こうした生徒たちの反応を得て、「坊っちゃん」という作品が中学生の精神発達上に一つの出会いのイメージを与えていることを知った。そして、それは現実を見る目の獲得にもなって、生徒たちを突き動かしているように思えてならない。

2　坊っちゃんはどんな本を読むか

ピアゼは、人間が成長していくのは、外界に働きかけつつなのだといって、このことから、「適応」の過程を、外界を自分の中にとり入れ、自分のものとする「同化」と、自分を外界の方へ適合させていく「調節」とに分けている。

人間は、外界と対立する面と、これを同化する面とをもっているが、人間と外界との「同化」「調節」という二つの方向が、バランスをとって進行する過程が「適応」だという。

このことを考えると、坊っちゃんは「同化」はできたが「調節」がうまくできなかった人間だということになる。そこで、生徒たちは、坊っちゃんがどんな本を読むと判断したであろうか。

次は、頻度数の高かった事例である。

①マンガ、落語の本――特別趣味をもってないようだし、おもしろいから。
②いたずら・けんかの仕方の本――不正直な人間をやっつけたいと思うから。
③数学の本――数学の教師だから。
④「坊っちゃん」――坊っちゃんが自分の生き方を考え直すことができると思うから。
⑤小説・物語・昔話の本――いろんな人の生き方を知りたいと思うだろうから。
⑥作文全集・心理学の本――いたずらな生徒たちの心を知りたいと思うだろうから。
⑦時代劇の本――いつも正義が勝つから。
⑧料理の本――そばが好きだから。
⑨生物の本――バッタとイナゴの区別を知りたいと思うに違いないから。
⑩読まない――めんどうだと思うから。

とりわけ④⑤⑥の例は、坊っちゃんの「調節」の側面をとらえている点で人間の成長過程を学んでいるといえそうだ。

七　おわりに

「坊っちゃん」の中の「登場人物全員が漱石なのだと思う。そうでなければああも本の中で躍動できない。大きく言えば、あの本こそ漱石自身ではないかと私は思う。」「清と坊っちゃんの美しい関係は無限の想像をかきたてる。」などと感想文の中に書いた生徒がいる。

文学教育のあり方として、一つの作品の美しい幻想をよりどころに、生きている現実を学ぶ読書生活へのしるべを作っていくことが大切だと考える。「坊っちゃん」は、まさにその一つのモデルになり得ているし、漱石文学へはもちろん、近代日本文学史上の「教師」文学へ目を拓かせていく拠点として揺がないだろう。

8 「サーカスの馬」（安岡章太郎）を読む
――「団長の親方」の意味を求めて――

一 はじめに

「サーカスの馬」（昭和五十三年版 光村図書 国語二）を教材として、中学校二年生を相手に授業していたとき、突然片岡という生徒が、

「先生どうして『団長の親方』なんて書いているのですか。団長がとか、親方がというのならわかるんですけど……。」

と疑問を投げかけた。

「うーん、なるほどもっともだ。どうしてだろうな。」

とうなずいたものの適切な考えが浮かばない。他の生徒たちも、

「そういえば、おかしい。」

というばかりで、とうとうわたしへの宿題という形でその時間を終わった。

したがって、この原稿は、片岡という生徒が投げかけた疑問をわたしがどう解き明かしていったか、生徒たちにこう解釈できるのではないかと、わたしの考えを投げかけるまでの過程になっている。

ところで、わたしは、片岡の疑問に答えるため何度か作品を読み直した。そうして安岡章太郎の他の作品にも目

を向けた。さらに、わたしの解釈を確かめるために九段の靖国神社にも行ってみた。

そこで、いきなり、片岡の疑問に答えるということでなく、わたしがこの作品をどう解釈しているか、この作品に対するわたしの見方をいくつか述べて本題に入りたい。

二　「サーカスの馬」はただの作文みたいなものか

作者が必ずしも自分の作品のいい読者かどうかわからない。安岡章太郎は『もぐらの言葉』（安岡章太郎随想集・講談社文庫・昭和四十八年）の中で、「サーカスと学校」（一九六七・三／芸術生活）と題して次のように述べている。

つかぬことだが、こんど私の短編「サーカスの馬」が中学校の国語教科書に採用され、その見本が送られてきた。私だけではなく、庄野潤三だとか、吉行淳之介だとかの作品も、ずっと以前に他の教科書の教材になっているというから、私のものが教科書になったってフシギではない。ただ、このことを私が教わった中学校の先生がきいたら、すこしは驚くだろう。吉行や庄野とちがって私は中学の五年間、ほとんど毎年、二百人中百九十七・八番の成績で、しかも「サーカスの馬」はその中学校のころのことを書いたものだ。

私たちの中学は、九段の靖国神社のとなりにあり、運動場は道路一つはさんで境内と向かい合っていた。春と秋の大祭になると、その境内に見せ物のテントが立ち並んで、その楽隊や呼び声で、運動場で体操の号令も聞こえなくなるぐらいだった。

「オー、すばらしきニューヨーク、

歓楽のちーまたブロードウェイ」

一番大きなクロス・サーカスの天幕が、一番近くにあって、ラウド・スピーカーからサーカスの女の子たちの、そんな合唱が一日中、ヒビ割れた騒音のなかに混じってキンキン声をひびかせた。私たちの教室の窓からは、そんな見せ物小屋の裏側の様子がすっかり見透せた。別に裏も表もないようなテントの小屋掛けでも、やっぱり裏側の方は暗くて淋しいのである。その栗の木に毎年、きまって茶色の色つやの悪い痩せた馬が一頭つながれているのが眼についた。その馬は痩せているだけではなく、骨の病気でもあるのか背中の真ん中が凹んで大きく曲っており、いずれ使いものにならぬシロモノにちがいなかったが、私は何となくその一匹だけ仲間はずれになった馬に、自分自身と共通のものを感じて、そいつが退屈そうに頸をのばして栗の葉を枝から食いちぎったりしているのを、倦きずにボンヤリ眺めていた。……ある日、私は学校のかえりに、そのサーカス小屋にもぐりこんで、驚いた。何と土間の真ン中で、あの馬が、背中の曲がったところに女の子を三人ばかり乗せて走りまわり、なかなか器用に火の輪くぐりや何かの芸をやっているのである。私は感動し、まわりの客といっしょに手を叩いた。

と、だいたいこんな話なのだ。フィクションなどは入っていない、ただの作文みたいなものだが、私は自分のこんな文章が国語の教科書にのっているということに、かえってフィクティブな人生観みたいなものをおぼえた。

少し長くなったが、作者が書いているように、この作品が生まれた生活事実をうかがうことができる。だからといって、作者がいっているように「ただの作文みたいなものだ」と片づけることができるだろうか。これは、むしろ作者の謙遜であろう。

わたしたちは、作者がいかに弁解しようとしまいと、読者として疑いなく、これを一編の小説と受けとっているし、小説として読んでいる。

実は、作者の随想をここに引用したわけはほかでもない。「その馬は痩せているだけではなく、骨の病気でもあるのか背中の真ん中が凹んで大きく曲っており、いずれ使いものにならぬシロモノにちがいなかった」と書いていながら「サーカスの馬」の中で「曲馬団の親方にひどくなぐられたのだろうか。なぐったあとで親方はきっと、死にそうになった自分の馬をみてビックリしたにちがいない。それで、ああやって殺しもできないで毎年つれてきては、お客の目につかない裏の方へつないでおくのだろう……。」と書いていることである。ここに単なる作文とはいえない、つまり、こう書かざるを得なかった必然性のある意味があったと考えるわけである。

しかも、「ぼくがサーカス小屋に入って行った」とき、「……あの馬が見物席の真ん中に引っぱり出されてくるのだ。ぼくは団長の親方が憎らしくなった。」と書き込んでいる。

三　安岡少年は仮面をかぶっている

「サーカスの馬」を読んで、まず気づいたことは、ぼくの人物像である。ぼくは、次のようにぼくを紹介している。

1　ぼくは、全くとりえのない生徒であった。
2　おまけにぼくは、全く人好きのしないやつであった。
3　ぼくはまた、あの不良少年というものでさえなかった。
4　ぼくは、ほかの予習してこなかった生徒のようにそわそわと不安がりはしなかった。

とあるように、いわゆる学校からはみ出した存在の生徒として位置づけられている。しかも、「成績は悪いが絵や作文にはずば抜けたところがある」というような「特技らしいものは何一つなく」、食事のときになると「だれよりもすばしこくなる性質」で服装検査があると「折れた鉛筆や零点の数学の答案に交じって、白墨でよごれた古くつ下、パンの食いかけ、鼻くそだらけのハンカチ」など「思いがけないものばかりがひょいひょいと飛び出して」くるという、まさに自堕落な生徒として描き出されている。

しかし、このようにぼくがぼくを紹介していけばいくほど、「全くとりえのない生徒」どころか、自分で自分をこれほど冷静な目でとらえていることに驚くばかりである。

そうした自己分析の目の鋭さは、次のような表現にもみつけることができる。

「清川先生はもうおこりもせず、分厚いめがねの奥から冷たい目つきでじっとぼくの顔を見る。するとぼくは、くやしい気持ちにも、悲しい気持ちにもなることができず、ただ心の中をからっぽにしたくなって、目をそらせながら、（まあいいや、どうだって。）とつぶやいてみるのである。」

こうした意志的な表現（傍線部分）をとらえているばかりでなく、

「たまたまドアの内側で、先生がおもしろい冗談でも言っているのか級友たちの『ワッ』という笑い声が上がったりするのが気になることはあったけれど……。そんなとき、ぼくは窓の外に目をやって、やっぱり、（まあいいや、どうだって。）とつぶやいていた。」

と、思わず知らず表現（傍線部分）していた自分をちゃんとみつけている。

これはクライマックスの、

「息を詰めて見守っていた馬が、今火の輪くぐりをやり終わって、やぐらのように組み上げた三人の少女を背中に乗せてゆうゆうと駆け回っているのを見ると、ぼくはわれに返って、一生懸命手をたたいている自分に気がついた。」

という表現（傍線部分）にそのまま通じている。

こう考えてくると、ぼくがぼくの自堕落さを紹介しながら、それをもってかえって表現の自由を獲得し、自分をはみ出したものに対して徹底的に抵抗している安岡の文体として読みとることができる。

事実、安岡の少年時代は、確かに自堕落な生活ぶりだったに違いない。しかし、今やそれは表現の仮面としての役割をになって一人歩きをしているのである。

四　本来の自分に気づいた安岡少年

この作品の中のぼくの不幸は、サーカス小屋の中の世界を知らなかったところに起因している。

「いつかぼくは、目立って大きいサーカス団のテントの蔭に、一匹の赤茶色い馬がつながれているのを目に留めた。――それは、」
① ろっ骨が透けて見えるほどやせた馬だった。
② 年とっているらしく、毛並みもつやがなかった。
③ 背骨の、ちょうどくらの当たる部分がたいそう湾曲してへこんでいた。
それをぼくが、「彼は多分、ぼくのようになまけて何もできないものだから、」という先入観で馬をとらえてしまって、「その馬が、やっぱり、(まあいいや、どうだって。)とつぶやいているような気がした。」とうけとっているのである。

しかし、これは、ぼくの学校生活における立場から考えると、無理のない、当然の判断だと考えられる。

しかも、ぼくといえば、学校ばかりでなく、学校での郊外作業においても「何事によらず、ただながめていることが好きだった。」清川先生からは「冷たい目つきで」見られたり、めったに指名されることもないが、指名されると「必ず立たされた」り、「分厚いてのひら」でほっぺたをなぐられたりした。

そのたびに（まあいいや、どうだって。）と自己にあきらめをつけることによってしか自己救済ができなかったぼくである。いわば、外からの制圧に対するぼくの一生懸命な抵抗はそうとしか表現できなかったのである。

しかも、この自分の立場をわかってもらえないさびしさを、人通りのない小道を急ぎ足で渡ろうとして、「不意に、冷たい、甘いにおいがして、足元に黄色い粒々のくりの花が散っていた。」という表現に託して表している。

そうしたぼくが、テントの蔭の馬と自分とを同一視し、馬に託した想像も別段意外ではない。あえて問題といえば、ぼくが馬と同一視せざるを得なかった状況に置かれていたことである。これこそ不幸といえば不幸である。

そのぼくが、サーカス小屋に入った。「――しかし、どうしたことか、」馬は「サーカス一座の花形だった」こと。さらに、「人間を乗せると、彼は見違えるほど生き生き」として、「馬本来の勇ましい活発な動作」で「巧みな曲芸を見せ始めた。」のである。

ここに至って、ぼくの馬に対する先入観は「思い違いがはっきりしてくる」ことで、完全に破壊されることになり、「ぼくの気持ちは明るく」なる。それは、曲馬団の親方の手のとどかない「馬本来」の活発な動作をみつけたからに違いない。

しかも、「火の輪くぐりをやり終わって、やぐらのように組み上げた三人の少女を背中に乗せてゆうゆうと駆け回っている」馬に、一生懸命手をたたいている自分こそ、まさに、「本来」のぼくではなかったか、そのぼくにぼくが気づいた。そうした「本来の自分」に気づいた、つまり、何ものにも制せられない「自己」の発見ができたのではないか。

こうみてくると、この作品は、サーカス団のテントの蔭の馬に対するぼくの想像的先入観が、サーカス小屋の中における馬の現実から見事破壊されることによって、ぼくが本来の自分を発見したということを表していると解釈できる。それは、サーカス小屋の世間を知らなかったぼくという安岡少年の成長といえば成長といえなくはない。

五　靖国神社境内の「団長の親方」

わたしは、ここでいよいよ片岡の質問に答えなければならないように自分自身を追い込んできたようだ。それは小説の中における場面や時代背景をぬきにしては「団長の親方」ということばの意味を説明することができないと思い至ったからである。

もともと小説の学習において、場面や時代背景が人間模様を描く重要な要素になっているわけだが、特にこの作品の場合それが大きな意味をになっていることを見落としていたのである。書き出しをみてみよう。

「ぼくの行っていた中学校は、九段の靖国神社の隣にある。」となっている。中学校といえば、旧制の中学校で、終戦まで続いた五年制の学校である。したがって、安岡章太郎が中学生のときといえば、昭和八年から十二年の間で、第一次大戦が起こって二年後から第二次大戦勃発にかけての時代である。

そうした時代における、ぼくの行っていた中学校（ことしの夏靖国神社を尋ねてみたら、神社のすぐ近くに九段高等学校があった。学校の所在は確かだが、現実的には「教室の校庭に面するすべての窓から」神社の境内が見渡せたかどうか、現在の状況からは判断しにくいが、現実がどうであれ、小説的現実として生きている。）が靖国神社の隣にあると設定されていることとである。

靖国神社といえば、明治維新以後、戦争のために犠牲になった人々の霊をまつっているが、ほかでもない、日本国家の守護神としてとりわけ戦さにおいて国を守る神として、軍国主義の信仰の中心となっていた神社である。

そうした神社の隣にある「鉄筋コンクリート三階建ての校舎」が「そのころモダンで明るく健康的といわれてい

たが、」「ぼくにとっては」「いつも暗く、重苦しく、陰気な感じのする建物であった。」という心情で、軍国主義国家による繁栄の受けとめが表現されているといえよう。

しかも、そうした状況下の中学校で、ぼくは（まあいいや、どうだって。）とつぶやき、「ただながめていることが好き」な生活を送り、「全くとりえのない」、食事だけが「すばしこくなる性質」を持っているにすぎなかった。それは、天皇制のもと、天皇を親とし、国民は赤心（赤子の心）だと教えられた時代のはみ出しの存在である。

だから、ぼくが、靖国神社という国家の守護神のまします境内の「サーカス団のテントの蔭」の馬と、自分とを同一視してしまったのも偶然ではない。しかも、馬の背骨の湾曲も曲馬団の親方（天皇を親と考える考え方に繋がる）に「なまけて何もできないものだから」「ひどくなぐられたのだろうか。」「死にそうになった自分の馬を見てびっくりし」「殺しもできないで」「お客の目につかない裏の方へつないでおくのだろう……。」と想像するのである。

したがって、サーカス小屋に入っていったぼくが、「見物席のまん中に引っぱり出されてくる」「あの馬」をみて「団長の親方が憎らしくなった。」のもわけのないことではない。サーカス団の「団長」という社会的地位にとどまらず、「親方」という家族的地位によって、自由や抵抗さえ通らないようにしたしくみの中で、「ただ食べさせておくのがもったいないからといって」「見せ物」にしていることへのぼくの憎しみだったといえる。

つまり、社会的地位と家族的地位とを完全に同化した表現が「団長の親方」なのである。それは、社会的地位の最高に位する天皇を中心にした天皇制のシステムを、家族的システムと同化させることによって、天皇を親と位置づけていた時代の象徴として受けとめることができるのである。そういう時代の慣習的な考え方に根ざした意識が「団長の親方」の呼称にあらわれている。

では、そうした状況の中で、はたして人間は自己の「本来性」に気づくことができるのか、また、その「本来性」を発揮することができるのか。少なくとも、このときのぼくについていえば、自己の「本来性」に気づかずにいたのである。そのぼくが、「団長の親方」から「見せ物」にされている馬の「馬本来の勇ましい活発な動作」を見ることによって、「ぼくの気持ちは明るく」なり、一生懸命手をたたく。それは、まさに天皇制下で、それにしばられない「本来」の姿、「本来の自分」つまり、「自己」の発見をしたのである。強いていえば、「～された」（たとえば、なぐられた。）という考えが「思い違い」であったということ、そこには「生き生きした」姿があったということ、それは、単なる「自己発見」ではなく、「ぼくという人物を通して語られている」天皇制下の「人間の発見」でもあったのである。

ところで、この作品は、昭和二十九年ごろ執筆されている。戦後十年足らずにしかなっていない時代に、安岡章太郎があえてこの作品を書かなければならなかった理由はいろいろあるだろう。しかし、戦後の十年を迎えるに当たって、「自己発見」をしなければならない時代的状況、つまり、新たな「人間の発見」という人間性の覚醒を迫られていなかったとはいいきれない。

六　おわりに

小説の学習において場面や時代的背景を読むことの大切さ。わたしは、片岡の質問を通して、とりわけこの作品において見落としていただけに、その重みを十分感じることができた。

生徒たちには、四で述べた内容を授業で展開することによって質問に答えた。小説のことばがいかに大きな意味を背負っているかということの鑑賞・享受を求めて。

9　作家を読むしるべ

一　はじめに

お皿も一つより二つ、二つより三つ並べてみると食卓に模様ができる。

二　作品から作家へ

ある作品が作家の手を離れると一人歩きするようになる。人によっては同一作家のそうした作品を連続的に読んだり、非連続的に読んだりしていると思う。いったん作品が創り出されるとあとは読者が作品を支えることになる。したがって、それが読書であるかぎり「こう読まなければならぬ。」という規制はないはずである。好きなときに好きな作家の作品を読めばよいのである。

しかし、教育的には「このように読んだ。」という読み方の指導も大切ではないかと思う。自由読書においては「読んだ。」という体験が意味をもつかもしれないが、国語科教育では、「どのように読むか。」を問題にすることにある。それはとりわけある作品を教師が「どのように読ませていくか。」にかかっている。

ところが、こうした教師の文学作品読解・鑑賞の姿勢は、少なくとも教科書教材の一作品において今まで何らかの形で燃焼されてきたはずである。

こと文学教育において、ある作品の読解・鑑賞を否定するわけではない。しかし、一品料理の文学教育をなんとかのりこえたい、作品を読むことから作家を読む方向へ足を踏み入れたいというのが実践のねらいである。ただ無作為に同じ作家の作品をいくつか紹介したり、あるいは、その作家の作品を教室で教材化したりする読解指導や読書指導は今までなかったわけではない。

しかしここでは、そうしたあり方、つまり、読者→作品という方向から読者→作者→作品という方向へ目を移して作品を読みすすめていこうというのである。

最近とみに、書店の書棚には作家の全集が並ぶし、図書目録には個人全集の出版案内が掲載されるようになった。このような状況は、ことばが人間を単位として考えられるようになったこと、もちろん、人間の生き方や考え方を全作品を通して読みとってほしいというねらいもあるかもしれない。しかし、この背景には、作品の一つ一つのもっている価値よりもその作品を創り出した作家のあり方に目が移ってきたことである。つまり、作品の価値から作家の価値へ視点が変わったと解釈できる。

それは、新たな人間の追求であり、人間発見の手だてでもある。それはまた、文学における一面的断片的な人間発見から多面的総合的な人間発見への社会的志向でもあるのだ。

こうした観点から作家を読む文学教育のしるべとして次のように考えた。

三　一作品から三作品へ

個々の作品が作品としての独自性をもち、それで一つの生命体を維持しているにしても作家を離れては考えられない。ここでは、ことば（作品）と人間（作家）との関係を真正面にたてた文学の読みの指導である。つまり、作品個々の世界の独自性を重んじながら、作家のすがたをいくつかの作品を並べて連続的に読みとっていく文学教育である。具体的には、まず一作品を先に読み、読解・鑑賞を深め、次に二作品を一度に与えて三つを連続、比較読みさせることによって、作家意識をもたせようというのである。

ここで三作品とったというのはさして科学的な意味があるわけではない。三つくらいあれば作家の模様がわかるのではないかという予測からにすぎない。

ところで、これを教室に持ち込むにはいくつかの制約がはじめから予想される。

1　読ませる価値があると思われる作家であること。

2　教室に持ち込める長さの作品であること。

3　できるだけ三作品の成立が近接しているか、連続的に成立していて、連続、比較読みに耐えるものであること。

右のような視点に立って選出したのが次の作品である。

芥川龍之介の「蜘蛛の糸」（大正七年）

「魔術」（大正九年）

「杜子春」（大正九年）

である。いずれも「赤い鳥」に発表された作品で少年向きの創作だと考えられること。文体も似ているし、内容的に、いずれも超自然界が出現する。さらに、それが仏教・バラモン教・道教・儒教などの宗教にかかわっているということである。

次に、井伏鱒二の「山椒魚」（大正十二年）

「鯉」（大正十四年）

「屋根の上のサワン」（昭和四年）

である。いずれも「動物」が登場してくる。内容的には、人間のユーモアとペーソスが動物を通して語られているばかりでなく、文体も似ているということである。

芥川龍之介の作品は一年生に、井伏鱒二の作品は二年生に読ませてみた。

四　三作品の文学教育

三作品あれば作家が読めるという科学的根拠はないが、「三作品を連続的に読んで、その内容や表現の異質性と共通性を考える。」という読みの指導である。そうして、そこから「文は人なり」という認識へアプローチしていこうというのがこの学習のねらいである。素材や場面は変わっているが、描写や事件に変わらないものを見出せるのではないか。あるいは、読み通しによって、個々の作品の世界をいっそう鮮明に読めるのではないか。そうすることによって、作品の内容や表現にのぞいている作家のすがたが読みぬけるのではないかというのである。作品に流れている連続的なものと非連続的なものの読みである。

中学生にとって作家論や作品論をろうするようなことは無理かもしれない。しかし、一度に三作品を与えることは、孤立的独立的事象を総合的に考えさせていく思考力の養成になるばかりでなく、グループ学習を促すうえでも好適である。やってみると意外に好奇心をわかせ向学心をそそることになった。

以下、グループで話し合い、全体で話し合って読みを深めた後のレポートを紹介しよう。

芥川龍之介の作品を読んで

(1)　三つの作品はどういう点で共通し、またどういう点で異なっているか

三つの作品を読んでみると、どこかにかよかったところがあり、また、どこかちがったところもある。

まず、共通したところとして一番はじめの場面があげられる。ここでいう場面とは、物語の出発点において登場人物がどういう立場にあるかという意味の場面である。「くもの糸」や「杜子春」は、登場人物、すなわち、犍陀多や杜子春はもうどうしようもないあきらめかかった状態にある。「魔術」の場合は感じとしてちがうように思うが、私が魔術を習っていないこと、つまり、無力であることにちがいないと思う。ただし、「くもの糸」「杜子春」と「魔術」とは無力という意味がいくぶんちがう。

次に、三つの作品にはチャンスが何度かあるということだ。くもの糸が極楽からおりてくるところ、魔術を使えば一度に大金持ちになれるというところ、仙人になれば薄情な人間同志の生活をしなくてもよくなるというところ、このチャンスをのがしては…という場面が絶対に出てくる。しかし、そのチャンスは共通して自らダメにしてしまっている。だいたいこのくらいが内容としての共通点だと思う。

ちがった点は大きくいうと一つ、「杜子春」だけが最後で明るくなっていることだ。前に述べたチャンスを自ら杜子春がつぶしたことは他と共通だが、杜子春は「……かえってうれしい気がするのです。」といっている。いや、芥川はいわせている。

新しいものの発見、それは一度破滅したチャンスを生かして、その絶望の中から生まれるのだろうか。

(2)　登場人物を作者はどう動かしたか

三つの作品を読んでいるうちに、作者は自分で書いているのに、自分のつくりあげたギリギリの場面にある主人公を書きながらもジッとみつめているような気がしてならなかった。登場人物（主人公）に向かって「…するぞ。」と場面の中に追い込んで「どうする。どうする。」とジリジリと追い込んでいくようなそんな感じを受けた。

物語の上つらだけを読んでいると、なんだ犍陀多はよけいなことを言わなければ助かったのにとか、「魔術」の私は、友人のことばに左右されずに金を石灰にもどしてしまえばよかったのになどと思う。

しかし、よく考えてみると、いや、もっとすすんで自分が主人公だったらと考えてみると、そうは簡単にいかないと感じられるのがふつうだと思う。

作者は「くもの糸」では、「……自分一人でさえ断れそうな、この細い蜘蛛の糸がどうして……そんな事があったら、大変でございます。」とか、「今の中にどうかしなければ、糸はまん中から二つに断れて、落ちてしまうのに違いありません。」と絶体絶命の状態をみごとに作り上げている。しかし、こんな状態ではたして自分はあの犍陀多のように叫ばずにいられただろうか。「まあいい。どうせおれは悪人だ。みんなついてくるがいいさ。切れてもともとだ。」などと言うことが考えられたであろうか。作者は主人公と読者の、人間であるかぎり多かれ少なかれもっている利己心や慾をこの場面でなら、絶対出すだろうという確信に満ちあふれた予想をたてる。それはみごとに的中する。これは別に作者が無理に犍陀多にそうさせたわけではなく、作者が書かなくとも、こういう場面さえ与えられれば、自然と現われるのが利己心や慾ではないだろうか。そしてそうなるのがあたりまえの人間だと思う。

しかし、その後がちがう。新しい人間発見ができるのは、チャンスをだめにしてしまった。その瞬間、ないし、その後だと思う。

あくまでもぼくの予想ではあるが、「くもの糸」、「魔術」で後にのこるものは、あのとき、――していればと思う。いわゆる後悔心だと思うが、杜子春では、ああ、自分はなんて利己的だったんだろう、という反省心だ。そこで、新しい人間像をつかむか、つかまないかがわかれるし、それによってこの作品のちがいも生まれているのではないだろうか。

(3)　どのような人間だと作者は考えたのだろうか

先にものべたように、作者はあるギリギリの場面において自分の慾や利己心が現われるものが人間だといいたいのではなかろうか。

しかし、作者は「杜子春」という一作品において、人間であれば慾や利己心をたたきつぶせるものがあるのだということも証明し、また、それに気づいた人間はいちばんすばらしいということもいっている。この作品により杜子春、つまり、作者は一つの新しい人間像をつかむとともに、読者に伝えようとしているのだと思った。

(4) 作者は何を求めたかったのだろうか

人間の欲や利己心をたたきつぶせる最大の力は何か、それを作者は求めたかったのだと思う。それによって新しい人間像も発見できるのだから……。しかし、作者はそれをみつけながらも一生を自殺というものによって終えている。なぜだろう。芥川龍之介の作品にまだなぞは多いと思う。

以上が芥川龍之介の作品を読んだ生徒のレポートの一例である。読みの深さや読み方の精密さから考えるとかなり問題があるが、作家を読もうとする姿勢が少しうかがえることは否めないだろう。

次に、井伏鱒二の三作品を読んだレポートの一例を紹介しよう。

井伏鱒二の三作品を読んで

(1) 散文詩的な小説

美しき自然描写。洗練されたことばをふんだんにつかって構成されている。井伏鱒二の三作品は、散文詩的な小説とはいえないだろうか。

詩精神はつねに新しいものを発見するという。彼が詩精神で書いたのなら、彼の三作品は新鮮な感じがするはずだ。「屋根の上のサワン」を読むと、「廊下の下にも屋根の上にもどこにもいないのです。そして、トタンのひさしの上には、一本の胸毛が明らかにサワンの胸毛であったのですが、トタンの継ぎめに刺さって朝の微風にそよいでいます。わたしは、急いで沼地へも行ってみました。」という文にぶつかるはずだ。一見どこにでもあるような文であるが、どういうわけかとても新鮮な感じがする。彼が詩の生命をこの文に与えたのだろう。このような文はまだまだある。

詩とは、ありふれたもののようで新鮮な感じがするものだと思う。そうすると、彼の三作品は散文詩的な小説であるといえよう。

(2)　地下水のうた

井伏鱒二の三作品は地下水のようなゆるやかな流れでなっている。その地下水はなにをうたったのかわたしは考える。

地下水がうたったのは「孤独」ではなくて、(もちろんそれも少しはあるが)「自由への叫び」だと思う。三作品から読むと閉じ込められたところから出ることが自由となるが、もっと深く考えると、だれにも支配をうけない自由、それへの叫びとなると思う。

(3)　反マルクス主義の泉

前文の自由への叫びを政治におきかえてみると、反マルクス主義的な感じがするのではないか。また、「鯉」の中にある「魚の所有権は……」なんかは反マルクス主義的な匂いがする。

また、「屋根の上のサワン」の「月の左側から右の方向に向かって……。」は左翼から右翼に政権がうつった今の世界をみごとにあらわしている。いや、書いたのは戦前なんだから予告をしたわけなんだろう。

彼の作品は「反マルクス主義にまとまっている」と書いた人がいたが、ほんとうにそのとおりだ。それが泉のようにところどころにわき出ているので「反マルクス主義の泉」と呼びたい。その「泉」はある時は反マルクス主義の説明のために、また、ある時はマルクス主義の非難のためにわき出ている。

彼はその思想の泉をうまく小説の中にわきださせたのはとてもうまいと思う。

彼の三作品の地下水のうたとなるものが、自由への叫びであり、そのわき出た泉は反マルクス的思想となると思う。そして、それらの叫びの裏には戦争と不景気に追いかけられて、ついに戦争の道を進んでいった暗く悲しい当時の日本があったことを忘れてはいけないと思った。

以上が井伏鱒二の三作品を読んだときのレポートである。読み方が芥川龍之介の作品の場合とは違って、かなり抽象的な思考がみられるが、作家を読みぬいていこうとしている姿勢が十分にうかがえる。

引用が少し長くなったが、「このように読んだ。」ということがいえるようにするためには、教師がいかなる作品をどのように授業の中に組織化していくかにかかっている。三作品の共通性と異質性をさぐるような読みかただけでも二時間の話し合いの時間が必要である。

五　創る読書

読解・鑑賞指導と読書指導を重ね合わせたともいえるのが三作品の文学教育である。それは、作家を読む一つのしるべである。それぞれの作品をより鮮明に浮きぼりにしていく非連続的な作品の世界の読解・鑑賞から、それぞれの作品に流れる作家の姿を連続的総合的に読み解いていこうというのである。

いいかえれば、ことばを創造の過程として意識していく。しかも、その過程にあらわれた作家のいきづかいや考え方を読みぬく。つまり、表現上の個性的な発見をさせていくことの読みである。抽象的・一般的な認識ではなく、表現過程そのものに、あるいは、作品構想そのものに作家の人生に対する姿勢みたいなものを具象的にとらえていく読みの指導である。

もともと自由で勝手に読むべく読書のあり方に、三作品をまとめて読ませ、それらを通してうかがわれる作家のすがたを読みぬかせていく。そこに「このように読んだ。」という読みの成立がある。こうした読みを教師がしくんでいくのが創る読書である。

最後に、作家を読む読書指導ともからめて、三作品の文学教育にふさわしい作家や作品をどう選定するかが今後の課題である。

Ⅵ 人間を考えさせてくれる——古典の価値と学習材化

1　古典教材における子どもの学習反応・感想

一　古典のおもしろさ

おもしろさというのは、おもしろいの原義がオモシロ（面白）で、目の前がパッと明るくなる感じをいった（『日本国語大辞典』小学館・昭和四十八年）という説をとれば、知的なもので、持ち合わせている先入観や既有の知識が一瞬のうちに破壊されて、新たなものにめぐり会ったときや未知の世界に出会ったときの知的な驚きや感動を得たときなどに生起する反応であろう。

古典というのは、子どもにとって異文化の言語に接するほどの興味の対象になり、かつ、それでいて難解さに抵抗を感じながら、くり返し読んだり、丹念に解釈したりしてその魅力にとりつかれていく記号性の高い教材だといえる。しかも、古い書物だから古典ではなく、時間を超越して現代に問いかけ、働きかけ、新しい生命力を注入してくれるということ、それでいて、現代的な状況に通じる表現や内容を持っているというのが古典のおもしろさだといえる。

今、中学校一年生時に、今昔物語集から「阿蘇の史」、竹取物語から「蓬萊の玉の枝」、故事から生まれた言葉「蛇足」「矛盾」などを学習してきた中学校二年生（九十七名）に「古典を読むときに、どういうところにおもしろさを感じるか」という問いを発したところ、次のような反応が返ってきた。

A　現代にはない話のおもしろさがある。……………………………………………………三八％

Ｂ　現代小説とは違った表現のおもしろさがある。……………………………四〇％
Ｃ　自然観や人生観がわかるおもしろさがある。……………………………一六％
Ｄ　文章が短くて、しかも、一つひとつ話がまとまっているというおもしろさがある。……………二一％
Ｅ　話はわかっても、こういうところがおもしろいという感じはおこらない。……………四％

いずれも既習学習からの反応であるが、「現代にはない話」あるいは、「現代小説とは違った表現」の作品として古典をとらえ、それでいて、そこに「自然観や人生観」を喚起されているということにおいて、古典教材の持っている価値機能が十分証明されていると判断できる。しかも、星新一ばりの「ショート・ショート」作品への興味に似て、めりはりのきいた文章の短さにおもしろさを感じているところが現代的といえば現代的感覚の反応だと考えられる。

ところで、おもしろさが一つの知的破壊作用から生起する反応と考えるなら、「話はわかっても」おもしろさを感じないところに、読者としての体験の未熟さや現代的感覚で捉えるおもしろさの次元のズレが出ていると推察できる。

では、いったい子どもたちは古典に対してどんな抵抗感を持っているのであろうか。

二　古典のむずかしさ

古典とは、一般に古典文法（古典に用いられていることばのきまり）体系にもとづいて読まれる作品だと考えられる。しかし、その発生源は、現代人の生命力を強く更新する対象として、われわれ以前に問いを求めていくところにあり、そこから発見され、存在してくる。本質的には、古典を前近代の作品だとは言い切れないだろうが、現実的には、古典文法体系によって読まれる作品が多くを占めている。したがって、中学生にとっては、現代文以上に抵抗感のあるものになり、むずかしさの対象となる。

今、「古典のむずかしさは、どこにあるか」の問に対する同じ中学校二年生の反応を見ると、

A　語句や古典の言葉の意味がむずかしい。……………………七五％
B　古典（歴史的）かなづかいがむずかしい。……………………一五％
C　読み方（言葉の切り方）がむずかしい。……………………一〇％

言葉が日本語でありながら、現代文とは違って見慣れない表現や語い、語法、また、言葉の意味、ならびに、かなづかいなどがあって、それが古典に対する抵抗感になっているのは無理のないことで、当然といえば当然のことである。したがって、子どもたちが自然若者向きの本や青春賛歌の現代文学などに触れていこうとするのももっともなことである。だからこそ、かえって、言語の教育としての古典の存在感が出てくるし、日本人の感受性やそれぞれの時代や社会における思想や精神を通して、歴史的感覚を呼び起こし、歴史的存在としての言語認識力を育てる古典の機能が出てくる。

子どもたちはナゾやクイズを解くような思いで、古典に親しみ、多少難解であるが故にかえって学習への好奇心を起こし、言語感覚に目覚めていく。一心に指導したあとには必ず反応が返ってくる。

「古典を学習して、日本語を初めて意識することができたような気がする。」
「古典を通して、日本語の美しさがわかったようだ。」

こうした声を聞くと、いかなる古典教育の意義が語られようと、これには及ばないと思うことがある。抵抗感があり、むずかしさをかかえているが故に古典教材の光を得たような気になる。しかし、中には、「遠い未知の人に身近さを感じる。」としながらも、原文に対する抵抗感をぬぐいきれず、また、教科書の中に古典が掲載されてい

ること自体にむずかしさを感じ、進んで読む気になれないという子どももかなりいる。だから、くり返し朗読したり、調べ読みしたり、暗誦したりする活動を通して、古典のリズムや含意性のある表現に近づけ、古典を学ぶ意義を実感として分からせていくことの指導の工夫が必要になってくる。

こうして、「遠い昔の出来事の中に、現在の私達に通じる物の考え方や感じ方を見つけ、思わず笑ったり、感動したりしている自分を見つけ、もっともっと古典を読んでみようかと思い、現代語訳のついている徒然草などを読みはじめている。」という子どもが出てくるようになる。

では、子どもたちは、古典の学習に当たって、いったいどんな作品に興味を持ち、どんな学習のあり方を望んでいるのであろうか。

三　古典学習に対する願い

古典への興味は、全くの未知への関心に裏づけされたものというより、何らかの動機づけと知的好奇心の発露によるというのがごく自然であろう。中学二年生が読んでみたいと挙げた作品は次のようなものである。

竹取物語・伊勢物語・土佐日記・枕草子・源氏物語・更級日記・今昔物語集・宇治拾遺物語・平家物語・徒然草・百人一首・義経記・奥の細道・南総里見八犬伝などである。

しかも、学習のあり方として、

○まず個人でわからない語句の意味を調べ、班で現代語に訳したり、解釈したりして、全体に発表していく。

○原文を読んでいくに当たって、必要な現代語訳を原文の右側に書き込んで読んでいく。

○どんなところがむずかしいか、みんなで出し合って調べ、内容をつかみ、おもしろさを発表していく。

○個人で訳したのち、みんなで文章の意味を確かめ、作者やその時代の人々の考え方を話し合う。
○印象深いところや表現の生き生きしたところを暗誦できるように何度も朗読する。
○暗誦発表会を持つ。

こうした学習に対する願いも完全に子どもたちからの要望として生み出されたものではなく、過去の古典学習のあり方がよりどころになって、その中で印象強く残っていた学習を取り出して願いとしていると考えられる。しかし、こうした願いが、今後の学習指導のあり方として、教師の考えを生み出し、新たな指導展開を創出することになれば子どもにとって、古典への興味・関心はいっそう高まるに違いない。

次は、徒然草（『方丈記　徒然草』日本古典文学大系・岩波書店・昭和三十六年）の中から、吉田兼好の批判精神の現れとして、知識人への裁きが出ている段を析出して比べ読みさせ、兼好の考え方を探ろうとしたものである。

四　徒然草の学習と子どもの感想

序段の「あやしうこそものぐるほしけれ」という兼好の言は、まさに書きつくることによって生まれた筆者の透徹した狂的な感興をいったものであろう。そこには、書くことによって、今まで見えなかったものが、壁をとったように見えてきた兼好の驚きと鋭い人間観察に裏打ちされた表現の冴えをうかがうことができる。

そこで、作品の中から特に知識人を裁いているのではないかという段をいくつか析出して学習に備えた。

①　第五十二段「仁和寺にある法師」と第二百三十六段「丹波に出雲といふ所あり」の共通点と筆者の目を探る。

②　第四十五段「公世の二位の兄に」と第八十九段「奥山に猫又といふもの」の共通点と筆者の目を探る。

これらはいずれも当時の社会において、一級の知識人と考えられる法師・上人・僧正が登場し、ひとり行動、ひとり合点の愚者ぶりや早のみ込みの無知ぶり、そして、目先のことのみにこだわって生きるあさましいまでの愚かさ、さらに、妄想にとりつかれて理性を失い、狼狽する狭小さを滑稽なまでにさめた筆で書き出している。

中学校二年生に、こうした透徹した兼好の鋭い人間批判を十分理解させるのは、不可能に近いだろうが、少なくとも知識人たちの失敗やこだわりに思わず笑いを誘われるということは起こるに違いない。そこで、指導は書かれた人物から書いた筆者へ目を移して、筆者が書こうとしたものへ考えを向けさせていくことにした。

授業は、子どもの要望に応えて、各班ごとに調べ読みをさせ、二つの作品の比べ読みを発表させるというようにしくんだ。次は、比べ読みをした後の感想のいくつかである。

○現代にはない文章のおもしろさとみな訳してしまったときに初めて意味がわかるというところに魅力を感じた。また、最後にさりげなくおちの一文が書いてあるところで笑わせられるし、文章の新鮮さと構成のうまさに改めて感動を覚えた。むずかしい語句も古語辞典で調べて、「音にききし」「希有」「ゆかし」など予想以外の意味におどろかされた。

○登場人物も少なく、文章も短く、昔っぽいふんいきがある。ふつうのお坊さんといったら、おちついていてへまなんかやらないという感じだけど、これらの話に出てくるお坊さんたちは、おっちょこちょいで、そこがおもしろいというか、親しみを感じる。

○はじめ読んだときは全然わからなかったけれど、自分で調べたり、先生に意味を教えてもらったりしたら、話の内容がわかってきておもしろくなってきた。

○僧が出てきて、いかにも昔風だった。でも、話が子どもだましのようで、そんなにおもしろくなかった。

読みが多様性をもっていることは当然なことであるが、中に、書かれた人物を通して筆者へ目を向けていくという疑問が出て、学習がより深まっていくという形になった。

○お坊さんを主役にしているところがおもしろく、最後のオチもお坊さんらしいオチだった。しかし、なぜお坊さんばかり書いたのだろうか。

○お坊さんといったら、つんとすました、さとりすましたという感じを与える。そのお坊さんを笑いものにした。これは、当時の時代背景や筆者の人生観に関係があるのではないだろうか。

疑問が新たな読みへの思考を促し、古典への問いを深め、次のような感想を引き出すことができた。

○筆者自身が法師だと考えると、人のことを書いていながら、自分自身のことを書いているのかもしれない。

○学識のあるお坊さんが尊敬される時代で、そのお坊さんにある人間らしい愚かさをみつけて、みんなのいましめにしたのかもしれない。

○僧というとえらいという先入観があるが、逆に、人並み以上に愚かさをもっているということを批判したかったのかもしれない。

このように、語句や語法上の抵抗を越えると、「何が→どのように→なぜ」のように学習を進めることができる。こうして「古典というものが決して堅苦しいものではなく、人間を考えさせてくれる。」という子どもの声を聞いて、長年月にわたる批判に耐えてきた古典の文化的価値の高さを改めてかみしめている。

2　「徒然草」（吉田兼好）
――知識人を裁く兼好の筆――

徒然草（『方丈記　徒然草』日本古典文学大系・岩波書店・昭和三十六年）序段の「あやしうこそものぐるほしけれ」という兼好の言は、まさに書きつくることによって生まれた筆者の透徹した心境を言ったものであろう。

「つれづれなる」にまかせて、「心にうつりゆくよしなしごとを、そこはかとなく書きつくれば」と一見とぼけながら、「よしなしごと」が、あやしいまでに感興をわきたたせるという。そこでは、書くことによって、今まで見えなかったものが、壁をとったように見えてきた兼好の驚きと、鋭い人間観察の目をうかがうことができる。

では、ものぐるおしい心境に達した兼好の筆がどのように知識人を裁いているであろうか。今、第五十二段「仁和寺にある法師」と第二百三十六段「丹波に出雲といふ所あり」を中心に、両段の共通点をさぐりながら考えを進めていくことにする。

授業のねらいは両段の内容の共通点をさぐらせることにある。

まず、「仁和寺にある法師」。これは当時の社会において、一級の知識人と考えられる法師の話である。法師といえば、仏法に精通して衆生の師となる僧のことである。

話は、仁和寺のある法師が、長年願望を達しえなかった石清水八幡宮の参拝に行ったことからはじまる。ところが、実際は「極楽寺・高良などを拝みて、かばかりと心得て」帰ってきて、同輩の者に自己満足げに「年頃思ひつること、果しはべりぬ。聞きしにも過ぎて、尊くこそおはしけれ。」と自慢しながら「そも、参りたる人ごとに山へ登りしは、何事かありけん。ゆかしかりしかど、神へ参るこそ本意なれと思ひて、山までは見ず。」といって、とうとうと愚者ぶりを発揮するという話である。

次に、「丹波に出雲といふ所あり」。これも登場人物は、上人といわれる徳をそなえて仏法に精通する高僧の話である。

話は、この上人が丹波の出雲に参拝に行って、非常に信仰心を強くした折、神社の拝殿の前に置かれた、獅子と狛犬を一体とした像が、背中を向け合って後ろ向きに立っていたので、たいそう感激したということにはじまる。上人は「あなめでたや。この獅子の立ちやう、いとめづらし。ふかき故あらん。」と涙ぐんで、「いかに殿ばら、殊勝のことはご覧じとがめずや。無下なり。」といって、連れの者達に話しかけ、人々を都へのみやげ話にしようというふうにしむけてしまう。

ところが、上人はわけを知りたいと思って年配の物事を心得ていそうな神官に「このみ社の獅子の立てられやう、定めて習ひあることにはべらん。ちと承らばや。」ときくと、「そのことに候ふ。さがなきわらべども（いたずらな子どもたち）のつかまつりける、奇怪に候ふ（けしからんことにございます）ことなり。」といって、そばに寄って、すえなおして行ってしまったので、上人の感涙がむだになったという話である。

読後感からいえば、いずれもこっけいな趣をただよわせてはいるものの、前段は、まじめで荘重な感じを与え、後段は、いかにもしんみりした上品な感興をわかせる。

しかし、ここでとり上げられている問題は法師や上人といわれる、当時のいわゆる知識人の愚者ぶりや早のみこみ顔の無知ぶりが裁かれていることだ。ひとりで行動したり、ひとりがてんをしたり、独断以外に判断の基準も根拠ももちえなくなった知識人の内面に潜む人間のかたくなな姿をみごとに描き出していることである。

己の無知ぶりに気づかず、真剣になればなるほどこっけいに思えてくる。知者といえども彼らの認識の外のものに対しては、まったくものを知らない人間と同様なのである。ところが、いたずらに知識をわきまえていることが、かえって人間の素直さを失わしめ、自己の判断に疑いをはさむことを忘れさせているのである。

どうやら兼好の筆は、そこらあたりに目を留めて書きすすめられているような気がする。

ところで、こうした知識人と考えられる人物をとりあげたものとして、他に第四十五段「公世の二位の兄に」と、第八十九段「奥山に猫又といふもの」があげられる。

「公世の二位の兄に」の場合は、良覚僧正という僧官の最上級の人の話である。話は、きわめておこりっぽい人であった。といって、人の親しみをこめた愛称の原因をうち砕いていく話である。形式より内容を重んじるであろう僧正が、あまりにも世評を気にしている。

ここでは、僧正が、どこまで行ってもはてのつくものでないということに気づいていないということである。形をもって形を救おうとする、いわば、目先のことにのみ生きる、あさましいまでに愚かな僧正の判断である。兼好は、ここで、あざ名から離れたく願わば己のおこりっぽい性質に目を向けよ、とたしなめたかったのかもしれない。

「奥山に猫又といふもの」の場合はどうであろうか。

これも法師の話である。これは、奥山に猫又というものがいるということを人から聞くことからはじまる。ところが、さらに「山ならねども、これらにも、猫のへあがりて（年をへて）、猫又になりて、人とることはあなるものを」と聞いて、ひとり歩きは心すべきことだという観念にとりつかれることになる。折しも、連歌遊びの帰り、夜道で、その妄想にとりつかれ、飼犬が飛びついたことも知らず、小川にころびこみ、「助けよや、猫又、よやよや。」と人々におおぎょうに助けを求める話である。

少なくとも知者たりうる法師であれば、猫又などという妄想にとりつかれることはないはずだが、知者であるがゆえに、かえってことばにこだわり、もともと不在のものを想像界で実在態として認識してしまう欠点もある。たとえそれが、単なる妄想であり、観念であるといくら理性的に自己を納得させえても、感覚的生理的に納得させえない知識人の狭小な内面的矛盾を、兼好はうまくとらえて、えぐり出していると思われる。

以上、兼好が徒然草の中で、知識人をどのように裁いているかをみてきたが、第五十二段の「仁和寺にある法師」においての裁き方が問題として残る。それは、法師が自己の判断を絶対として考え、誤りを犯していることも気づかずに自己満足し、自慢話をしていることにすぎないが、そうした結果になる前の彼の独断を責めずに、「すこしのことにも、先達はあらまほしきことなり。」といっていることである。

これは、当代の知識人が先達を求めようとする心構えがあってのことだろうか。それとも、ないことに対する嘆きをこめた願いなのだろうか。あるいは、知識人兼好自身の自虐的な願望をこめたことばなのだろうか。

授業は、比較読みさせると内容をすばやく的確に把握するようである。

3　「枕草子」（清少納言）

――「いと」を読む「をかし」の文学――

「枕草子」（『枕草子　紫式部日記』日本古典文学大系・岩波書店・昭和三十三年）が「をかし」の文学だといわれるゆえんは、自然や人事についての感想や情緒が「をかし」でとらえられているところにある。

したがって、「をかし」は、清少納言の自然や人事のとらえ方であり、見方であり、感じ方であるということができる。

ところで、おもしろいことは、清少納言にとらえられた自然や人事にしろ、とらえた清少納言の「をかし」の心情にしろ、度合や程度をあらわす副詞（いと）をもって表現されているところが多いことである。

試みに、第一段（出典には、「第」と「段」は記されていないが、ここでは便宜的に付した。）の「をかし」と「いと」の使用回数を調べてみると、

をかし	二回
いと	五回
いとをかし	一回

となっている。

もし、「をかし」が省略されているとすれば、文末の体言のあとか、連体形のあとであろう。それも次の六箇所にすぎない。

春はあけぼの（をかし）。
雲のほそくたなびきたる（をかし）。
夏はよる（をかし）。
ほたるの多く飛びちがひたる（をかし）。
秋は夕暮（をかし）。
冬はつとめて（をかし）。

しかし、省略は省略であって、この場合は使用回数に入れないことにする。というのは、むしろ、省略による簡潔表現が「枕草子」の文体だと考えられるからである。そう考えてくると「いと」という副詞の使用度は意外に高いことになる。

では、「いと」は、いったいどういう自然や人事や心情につけられ、それはまた、どういう意味を持っているのだろうか。次の例から考えてみよう。

秋は夕暮。夕日のさして山のはちかうなりたるに、からすのねどころへ行くとて、みつよつ、ふたつみつなどとびいそぐさへあはれなり。まいて雁などのつらねたるが、ちひさくみゆるはをかし。日入りはてて、風の音むしのねなど、はたいふべきにあらず。

右の文は、原文から「いと」を省いたものであるが、使用されているところを挙げると、

① いとちかうなりたるに
② いとちひさくみゆるは
③ いとをかし

①と②の例は、そのときの自然や現象の度合が大きいことをいったもので、清少納言の微妙な鋭い感覚の及んで

いることを示している。③は、自分がとらえた自然や現象に対する感動の度合の高さや大きさを示したものである。もっとも、「いと」は、もっぱら用言を修飾することばである。それが自然や現象や心情の動きや様子や状態に向けられているだけに、清少納言の目がいかに鋭敏かつ写実に富んでいたかを示すものである。

今、右の①②のような清少納言にとらえられた自然や現象や人事をA、③のような清少納言の心情を示したものをBとして考えてみよう。

1　「いと」Aの場合

夕日のさして山のはいとちかうなりたるに

雁などのつらねたるが、いとちひさくみゆるは

霜のいとしろきも、またさらでもいと寒きに　（以上第一段）

二つ三つばかりなるちごの、いそぎてはひ来る道に、いとちひさき塵のありけるを目ざとに見つけて、いとをかしげなるおよびにとらへて、大人などに見せたる　（第一五一段）

草葉も水もいとあをく見えわたりたるに、上はつれなくて草生ひ茂りたるを　（第二二三段）

月のいとあかきに、川を渡れば、牛のあゆむままに、水晶などのわれたるやうに　（第二三二段）

以上、第一段と教科書教材の中から使用されているところを引用したが、清少納言にとらえられた対象は、そのまま彼女の感動の対象であり、また、その対象が日常的ではあるが日常性を越えたものであるとはいえまいか。つまり、彼女の美意識は、一見平凡であってしかも、その中で平凡さを破っているものを見ぬき、選択する形ではたらいているのである。

では、「いと」でとらえられた対象は、そのまま絶対的な度合や程度の高さや大きさのみをいっているのであろ

うか。

たとえば、第二九九段の「雪のいと高う降りたるを」の書き出しをみてみよう。

雪のいと高う降りたるを、例ならず御格子まゐりて、炭櫃に火おこして、物語などして集まりさぶらふに、

これは単なる度合や程度の大きさ、高さというより、相対的な意外性や驚きとしてとらえることができるのではないだろうか。

そうすると、「降りたるを」の「を」は逆説と考えるより順接を考えたほうがよい。つまり、「雪がたいそう高く降り積っているのに、いつもとちがって御格子をおろし申し上げたまま……」ではなく、「雪がたいそう高く降り積っているので、いつもとちがって御格子をおろし申し上げたまま……」となる。この場合「いと」は、そのときの意外性と驚きをいっているもので、「例ならず」と関係しているのである。

こう考えてくると、「枕草子」にみえる「いと」は、そのときどきの自然や現象や人事の度合や程度の大きさや高さを単に絶対的にいっているのではなく、むしろ相対的にいっているといえる。それも具体的に何に対してとかいつもはどうだとかいわずに「いと」といっているところにそれが表されているといえるのではないだろうか。

2 「いと」Bの場合

「枕草子」の中には、「いとをかし」をはじめ「いとあはれなり」「いと心ぐるし」「いとたのもし」「いといとほし」「いと苦しげなり」「いとにくし」「いとわろし」「いとわびし」「いとうしろめたし」「いとめでたし」「いとくちをし」「いとうつくし」「いとかひなし」「いとはしたなし」「いと心うし」「いとかしこし」「いとうとまし」「いと心もとなし」「いとあさまし」などがひんぱんに出てくる。

これらは清少納言の心情の豊さのみならず、ひとえに感受性の鋭さ、知性による判断力の鋭さが絶対的に表現され

たものであろう。

たとえば、

五月ばかりなどに山里にありく、いとをかし。（第二一三段）

二つ三つばかりなるちごの、いそぎてはひ来る道に、いとちひさき塵のありけるを目ざとに見つけて、いとをかしげなるおよびにとらへて、大人などに見せたる、いとうつくし。（第一五一段）

この二例からもいえるように、とらえられた対象が自分の心情にかなうものとして、いつもとは違うという相対性を包含した、自己の絶対の心情の吐露だということができよう。

4 「おくのほそ道」（松尾芭蕉）
――テーマを探る――

「おくのほそ道」（昭和四十七年版　光村図書　中等新国語三）の序の中に「舟の上に生涯を浮かべ、馬の口とらへて老いを迎える者は、日々旅にして旅をすみかとす。」とあるが、船頭や馬方と考えられる者が、どうして「日々旅にして旅をすみかとす。」といえるのだろうか。

まず、この文から判断されることを挙げてみると

① 船頭や馬方はともに家（日常性）を外にして旅人を相手にしているから。
② 船頭や馬方が、川の流れに「生涯を浮かべ」たり、時の流れに「老いを迎」えたりしているから。
③ 船頭も馬方も日々人との出会いや別れ（「行きかふ」）の生活をしているから。

などが考えられる。はたして右の中でどれが最も強い要素としてとらえられるであろうか。

今、文脈の上から意味を判断するために、冒頭文の解釈とそれとの関係を考えてみることにする。

「月日は百代の過客にして、行きかふ年もまた旅人なり」

これは、「月日」や「年」が「過客」「旅人」として認識されていることである。

では、何故に「月日」や「年」が「過客」「旅人」として見立てられ、認識されたのであろうか。問題は「行きかふ年」の「行きかふ」にあるのではないか。

教科書では「過ぎ去っては新しくやってくる」年々と解釈し、井本農一編「芭蕉の世界」（小峯書店・昭和四十三

年）では「来ては去り、去っては来る」年（時の一部分）と解釈している。今井文男著「表現学仮説」（法律文化社・昭和四十三年）の中では、「われと行きかふ」年の意に解するといっている。今井氏の説は「行きかふ」は「行き交ふ」で、何かと何かが行きちがう立場であることをくずさずに解釈できないかと考え、「行きかふ」ものは「われ」と「何か」であると考えて、「われ」（芭蕉）と「年」とが「行きかふ」と解したのである。

確かにことばのうえからいえば、教科書や井本氏の解釈は当を得ない。といって、今井氏のように「われ」（芭蕉）と「行きかふ」というのも一般性を欠く。むしろ、ここでは「われわれと」というふうにとればよいと思う。つまり、「われわれ」が「月日」や「年」と「行きかふ」のである。そうしたときに「月日」や「年」は「百代の過客」であり、「旅人」となりうるのである。まとめると、

（われわれと行きかふ）月日は百代の過客にして、（われわれと）行きかふ年もまた（百代の）旅人なり。

ということになる。

このように「月日」や「年」が「われわれ」との「行きかひ」（出会い）としてとらえられて、はじめてそれらが「過客」「旅人」として認識されるのである。

そう考えてくると、中でも船頭や馬方は、毎日会っては別れ、別れては会うことを余儀なくくり返すことによって、「生涯を浮かべ」たり、「老いを迎」えたりしている生活者である。そこに出会いと別れの相としての旅がある。しかも、彼らはともに永遠に流れる川や時に「行きかふ」ことによって漂泊しているのである。つまり、彼らは永遠の時と「行きかふ」存在者として、しかも、人との「行きかい」（出会い）をもっている。そこに、「日々旅にして旅をすみかとす」という認識が成立するのである。

したがって、「古人も」（杜甫・李白・西行・宗祇など）そうした永遠の時と「行きかひ」ながら、日常性の外で新しい「行きかひ」（出会い）を求めたところに、旅があったし事実旅をして旅に死んだのである。

そもそも旅は日常性からの離脱と新世界への突入にある。それは新しい「行きかひ」（出会い）への願望でもある。そのためには、日常性から別れなければならない。

芭蕉も古人と同じく、永遠の時と「行きかふ」ひとりの漂泊者として、日常性の外に出会い（行きかひ）を求めて、「行きかひ」を「行きかひ」として積極的に求めようとしたのではないか。

「別れ（離別）と出会い（行きかひ）」とは、旅がもつ最も本質的な様相である。新しい出会いの実現のためには別れが必然的に備ってくる旅。それをあえて試みたのが、芭蕉の旅ではなかったのか。

「おくのほそ道」を読むと、旅の出立と終着はともに「別れ」（離別）になっているのである。

① 門人たちや自然との別れ

出立…上野・谷中の花の梢、またいつかはと心細し。むつまじき限りは宵よりつどひて、舟に乗りて送る。千住といふ所にて船を上がれば、前途三千里の思ひ胸にふさがりて幻の巷に離別の涙をそそぐ。

行く春や鳥啼き魚の目は泪

これを矢立の初めとして、行く道なほ進まず。人々は途中に立ち並びて、後影の見ゆるまではと、見送るなるべし。

門人たちや見慣れた自然との別れを惜しむことによって、新しい出会い（行きかひ）の世界へ入っていく場面である。これから先、芭蕉は曾良とともに名所、旧跡、自然との出会いの中から俳諧文学を結実させていくのである。

夏草や兵どもが夢の跡

閑かさや岩にしみ入る蝉の声

五月雨をあつめて早し最上川

荒海や佐渡に横たふ天の川

などがいえる。そして、金沢を経て、山中温泉に入ったとき、思わぬ曾良の病気で芭蕉は曾良との別れを強いられ、止むなくひとり旅をすることになる。

行き行きて倒れふすとも萩の原　　曾良

と書き置きたり。行く者の悲しみ、残る者の憾み、隻鳧の別れて雲に迷ふがごとし。予もまた、

今日よりや書付消さん笠の露　　芭蕉

別れに別れを重ねて、大垣では、

② 門人たちとの出会いと別れ

終着……路通もこの港まで出で迎ひて、美濃の国へと伴ふ。駒に助けられて大垣の庄に入れば、曾良も伊勢より乗り合ひ、越人も馬を飛ばせて、如行が家に入り集まる。前川子・荊口父子、その外親しき人々、日夜訪ひて、蘇生の者に会ふがごとく、かつ喜びかついたはる。旅のものうさいまだやまざるに、長月六日になれば、伊勢の遷宮拝まんと、また舟に乗りて、

蛤のふたみに別れ行く秋ぞ

門人たちとの別れは、門人たちとの新たな出会いとして結実した。しかし、芭蕉は最早やそのときの喜びや幸せにひたりきって長居することから別れている。それは一時の出会い（行きかひ）の幸せを求めるための長い苦しみに似ている。

こう考えてくると、「別れ」（離別）を「別れ」（離別）としてあえて求めたところに芭蕉の旅があったのだといえるわけである。

Ⅶ

認識力を育てる——作文教育

1　詩に表れた中学校一年生の心模様

──一つの発想指導と作品──

一　日常語からの離脱

そのことばが日常語でありながら、みなれないものとして、現実をいっそう現実化していくものとしてのことば。そういうはたらきをことば自体がいつも内部に秘めているという、ことばを成り立たせているものとしての詩的機能。それは、既存の文化の中で生きつつ考えるわれわれの感受性が解き放されるために必要的方法論としての前提としてあるのではないか。

したがって、そのことばが現実を切り離すものとしての技術のようなもの、いわば現在に否定的に機能することばをみつけていくところからことばの自主性を回復していこうとするところに詩の学習のねらいがある。つまり、日常語の文脈の離脱をもって新しい意味を自分自身の中に像形していく力を身につけていく視座とするわけである。

二　自然の中の己

見慣れたものというのは、ことばをもった対応物をいう。つまり、そのもの自体が既成のことばにくくられ己にとって存在を主張する自由さを失ったものをいう。いかなるものといえど同じようには存在してはいないのに、往々にしてきのうもきょうも同じように見えてしまう。いわゆるものとしての衝撃より、最早ねむったことばのとりこになって、己の感覚に安住し、ものに目を閉じてしまうわけである。

ところが、突如としてその一部がこわれたり、あるいは、そのものの姿が消えたり、変形したりして、様相を変えると、見慣れたものが強烈にその存在を主張しはじめる。そのとき、ものがものとしてよみがえり既成のことばからの制約を越えて赤裸々にその存在を感応させる。いわゆる規範や制度的なものを越えて感覚を動員しての認識を呼びさますわけである。

例えば、われわれは己をとりまく自然現象の中で、身近なものに対しては「あっ、風か。」というぐあいに目を閉じてしまう。しかし、それがいったん雨を呼び、人家を破壊し、山川の様相を変えるとなると、風に対する感覚を強烈に呼びさます。あるいは、火事場の風のさかまき、風鈴ならさぬ風のように、そのときの状況によってその存在の主張は変わってくる。

ところで、人は自然現象に完全に目を閉じていたことはないだろう。ただその感覚を顕在化することを忘れたり、そこにはたらく己の心を見ることをしなかったりしただけではないだろうか。暑くてやりきれない。しかも、風はない。そんなとき、かつて感触した涼風への思いより、今感触するところの風が問題なのである。もしそれが竹林の葉をふるわせながら病に伏した死線の肌を快くなでたとすれば、風は緊張関係をもって己を感覚させる。もうそのときは「ああ、風が。」ではない。己にとりこまれて新たな意味を獲得するのである。つまり、このとき、風は、まさに「宙に浮いたふとん」という意味をこの病者に与えたのである。

今、中学校一年生が、雨を一つの自然としていかなる言語感覚を持ち合わせているか、また、雨を通していかなる己をみつけていくか、自然の中の己を発見していく目を育てていくことにした。

なお、ここで最も身近な自然を選んだのは、もちろん身近だから心象の様相がいろいろな形をとってでてくるだろうということ、それだけにこわすことの大きさがあること、それはまたつくること、見直すこと、己を訴えることに繫がることだと考えたからである。

三　雨の詩を書く発想指導

季節が差別なく人間にふりかかるように、雨は天上から地上に落ちてきては輪廻する。そうした雨の様々な名称や表情や心象や心情吐露の域に追い込み、詩創作への心的飽和状態にいざなう手だてとして三つの学習事項を設けることにした。

折から梅雨を迎えた時期での指導として設定していたので、雨との対話が可能で、学習条件は十分である。しばらく窓外の雨をながめさせたのち、いずれも口頭で答えさせ、教師は黒板にそれをもれなく記述する。

(1)　どんな雨があるだろうか。

夕立　梅雨　五月雨　にわか雨（驟雨）　雷雨　春雨　こぬか雨　霧雨　時雨……

→夏季の雨の多いことをわからせる。

(2)　どんな降り方をするだろうか。

パラ　パラ、バシャ　バシャ、ビシ　ビシ、バラ　バラ、ピチピチチャプチャプ、ザン　ザン、ザカ　ザカ、サァー　サァー、シトシトピッチャン　シトシトピッチャン、ジャー　ジャー、……

→サシスセソ、ザジズゼゾ、パピプペポ、バビブベボの行のア段イ段の音が使われたオノマトペであることをわからせ、できたら新しい音の結びつきによる降り方の発見がありはしないかを暗示する。

(3)　どんなことを連想するか。

この場合は、まず各人のノートに思い浮かぶことを単語で自由に書かせ（三分間くらい）たのち、クラス全員に一つずつ順に発表させる。要領としては、できるだけ矢つぎばやに言わせ、(1)(2)と同じように教師は板書していく。なお、約束ごととしては、前に出たことばは、同じようにくり返さないということと、批判しないということが条件である。

これは、個人の連想の幅に気づかせることはもちろん、生徒個々の咄嗟の直観力を養い、ことばの偶然の符合による新しい意味をみつけさせる契機となる。

ところで、この学習が詩的表現へ点火していくためには、連想が身近なものから心情的なものへ移っていくまでつづけることである。つまり、ものを越えて心情語が叫びとして口をついて出るまで待つことである。

したがって、このようにして叫びとしての心情語が出てくると、生徒たちの間からどよめきや感嘆の声が起こる。やむにやまれず切羽詰まって発したことばが、連想の文脈を大きくゆるがすのである。こうした感情のゆさぶりが何度か起これば、創作への意欲が高まってくる。

次は、連想指導の一例である。

長靴　コウモリ傘　カエル　雨あがり　虹　てるてる坊主　つばめ　田植え　あじさい　かたつむり　水たまり　レインコート　あまもり　相合傘　どしゃ降り　雨だれ　軒下　洪水　雷　涙　波紋　さみしさ　稲妻みの　豊作…激しい…孤独…恋…母…愛…風…平和…暗い…冷たい…夢…音楽…恋しい…勇気……

これをみると、身近なものからの発想からだんだん飛躍がおこり、心情語としての感覚的なことば、抽象語（いずれも傍線のことば）への広がりがみられる。

もちろん、こうしたことばが他の語の系統とは違ったことばだという発見をさせることを忘れてはならない。つまり、ものとしてではなく叫びとしてのことばに気づかせることである。

しかるのちに、教師が、(1)の夕立。(2)のパラ　パラ。(3)の虹。水たまり。勇気などということばを色チョークでかこんで線で結ぶと、もう生徒たちは、ことばとことばが響き合って、そこに詩的世界が展開し、雨を通して何が訴えられているかに気づく。そこで、教師は、次のような表現の条件を与えて、しばし雨の世界へ飛び出させる。

(ここでは、三十分ほど雨の散索時間を与えた。)

表現の条件

①雨の中に自分の気持ち(心情)をみつけて歌いこむ。

②抽象語(たとえば、平和、愛、勇気等)は、そのまま使わずに、目で見えるように、耳で聞くように表す。

③形式にこだわらず自由に書きつける。(本校では、一時間五十分授業の二時間連続の国語の授業を設定しているので、一時間目は連想指導をやり、しかるのち、雨の散索時間——これは必ずしも設定しなくてもよいと考えている——を与えて、二時間目に雨の詩を書きつけさせることにした。)

このようにしてできた作品のいくつかを紹介すると次のようである。

①　雷をうたったもの

きまぐれかみなり

南立　祐子

オッス!
おいらはきまぐれかみなり

今日は雨
今日は晴にしちゃえ
もうめんどうくさい明日も晴だ。

雨の日は心がおどる
台風　雷のときは発狂しそうにうれしい！
下界のおろかな人間どもめ！
今日もおいらのじょろが役立つ。
かみなりはやめられねえな。

でもな……。
こんなおいらでも恋はするんだよ。
となりの国　中国のリンランちゃんなんだ。
でも　おいらきらわれちゃったよ。
リンランちゃんはモンゴルのべー君が好きなんだ。
「ちくしょう、腹いせに雷を落とせ！」
こんなときはいつも下界の人間をいじめるのさ。

今日はさびしいよ
夏の終わりなんだ
おいらみんなとお別れだ。

ひと夏みんなを困らせたな
ごめんな……。
おれはひと夏ぶんの雲をトランクにつめていくよ。
また来年。

② ひとりをうたったもの

雨

延吉　良介

どんよりとした雲から
突然、雨が降ってきた。

すると、あちこちで
ポツン　ポツン　ポツン
と、かさの花が開く。

その中に少女がひとり
折り紙をもって走っている
かさをもたずに走っている
少女は小さい手で

折り紙をかばっている。
あ、行ってしまう
少女は街へ消えていった。

③　雨の表情をうたったもの

雨

森信　謙一

雨が……………………ふる
ポト　ポト　ポト　ポト
鉄の壁

雨が……………………ふる
しとしとしとしとしと
とめどなく

雨が……………………ふる
んんんんんんんチーン
町の葬式

雨が……………………ふる
しくしくしくしくしく
たまねぎのように
雨が……………………ふる

④　雨あがりをうたったもの

雨あがりの散歩道

武田　周子

水色の空が
雨の鏡に揺らいでいる
道ばたの草はみな
ダイヤモンドのアクセサリーを
自慢そうに輝かせている
土の道は「つるん、つるん」
スケート場みたい
悲しさいっぱいの雨
悔しさいっぱいの雨
でも　もうやんだの
湿った気持ちもからり

道のまんなか心が叫ぶ
太陽さん泣いたらダメ
これから毎日会いましょうネ
ゆ・び・き・り・げ・ん・ま・ん
約束……よ

⑤　夢や想像をうたったもの

夢の中で雨がふったよ

西田　敦

あの日……
夢の中で雨がふったよ

あの日……
夢の中で君にあえたよ

あの日……
サラサラふる雨の中で君にあえたよ

夢の中で君にあえたよ
君の顔を見たいんだけど

雨でみえない

君はいつの間にか
ぼくの前から姿を消していた

雨はサラサラふり続いた
いつの間にか涙に変わったよ

あの日……
君が着ていた水玉模様のレインコート

だけど
雨のおかげで君にあえたよ
雨…………いいな

雨がなくなった日

藤島慎一郎

ある日、突然、この世の中から
雨というものが消えうせた

この地球の大自然がくずれていった

木も草もかれ
あの美しい大森林がほろびていった
山野をかけめぐっていた
鳥やけものは水をもとめ
さまよい続けた
しかし　水はどこにいっても
なかった
やがて　山野から
鳥やけもののすがたは消えた

人間は頭がよかった
人々は地下深くから
地下水をくみあげた
しかし　それはごくわずかであった
人々はそのわずかの水を
大切に使った
だがそれも長くは続かなかった
地下水もくみつくし
河川はかわき
水は一滴も見あたらなかった

やがて　この世から人間は消えた
いかに頭のよい人間でも
知恵のある人間でも
かわきにはかてなかった

⑥　恋や想いをうたったもの

雨

柴原　皆子

あなたを見ると
不思議
私はべそをかいてしまう

雨

山口　裕子

のっぽのあなたが
好きなのに
見あげるばかりで
とどかない

雨

片岡正二郎

雨は五月雨
恋ははかなく
はかない恋は実らない

外は雨
私の心の中のよう
あなたも雨を見ているのに
私の心はとどかない
私も雨を見ているのに
私の心はとどかない

雨は五月雨
恋ははかなく
はかない恋は実らない

⑦　季節感をうたったもの

雨

高田　智幸

てるてる坊主が
軒下で悲しげに空を見上げている
雨の日
窓の外にはかさの花開き
草木は夏に備えて休む

ツバメは低く飛び
明日が雨であることを知らせる
そのとき
雷が雨雲を切り開きながら
落ちてきた

雨あがり
草木につゆが光ったとき
人々は
「もう夏だねぇ」
と話し合う

以上、分け方に多少の無理があるかも知れないが、一つの発想指導ののち表れた中学一年生の作品における心模様である。

たまたま、「雨」という身近で、見慣れた自然現象を題材にしただけに、日常性の離脱が無理かと思ったが、自然の中における自分（人間）の心情をちゃんとつかみ出している。

四　指導のまとめ

(1)授業がはたして有効であったかどうかより、たのしい雰囲気と生徒全員が参加できる表現の動機をつくれる。

(2)これは合っているだろうか。違っているだろうかという心の迷いからの解放ばかりでなく、自己表現の確立へ向かわせる契機となる。

(3)ことばの偶然の符合。つまり、因果関係をはみ出した秩序をつくり出す学習になりうる。

(4)想や心情を形象的に表現させる創作指導の一つであるといえる。

(5)創造性を開発する一つの訓練になりうる。

五　今後の課題

(1)題材も形式も自由にして生活詩を書かせること。

(2)ものを知るのではなく、見ることを通して表面的現実から潜在的なものをよびさます表現へ立ち向かわせること。

(3)思考の合理的直線性に抗議し、無意識の声や魂を生けどりにさせること。

2 認識力を育てる作文教育

一 はじめに

わたしたちは、事実や感想や意見等を文章化することによって自己と自己をとりまく世界を対象化することができる。したがって、書き表す過程を教育の対象にしていくことは、自己の内面や外界に対する認識を対象化させることになり、認識をより確かにさせたり、変革させたりすることになる。それはまた、刻々に変動している現実に対応し、自己の限界を自覚し、自己を否定することによって、たえず自己を新しくするという努力を呼び起こさせることにもなる。

こうした考えに立って、わたしは、現実の中に広く題材を見つけそれを通して自己の内面や外界を深く考え、認識し、表現する。また、表現しながら認識していくという過程をたどりながら、たえず自己を生み出していく力を育てることが作文教育のねらいではないかと考えている。

そこで、広く題材を求め、認識と表現の両面から自己を責め、そこから新しいことばの可能性を拓き、より深い自己と外界との認識をはかり、創造的に表現する能力を養っていくこと。そんなところに作文教育の基点を置いて、そのいくつかの実践を踏まえ、認識力を育てる作文教育の提案としたい。

なお、資料としては、中学校三年間の認識と表現の動向が見られるように一生徒の作文を使うことにした。

二　広く日常生活の中から題材を求め、現実認識をはかる目を持たせる

認識力を育てる作文教育の起点は、まず広く日常生活の中から題材を見つけさせることにある。そこで、書き出しのパターンを「あのね、Kさん」として、ペンでおしゃべりしていく「とっておきの話」を書かせることにした。それも毎週一回。各人に「とっておきの話ノート」を持たせ、教師と書く対話をさせるのである。

書き慣れてくると、話体から文章体へ転換させていく指導をする。次は、「とっておきの話」でより詳しく書くところを傍線で指摘させることによって、現実認識を深めさせようとした指導例である。

とっておきの話　　一年　福嶋涼子

昨日、子犬を見た。とてもうれしくなった。というのは、①半年前近所の子どもたちが子犬をつれてきたことを思い出したからだ。その犬はひどいけがをしていた。②みんなとてもかわいがった。えさを毎日持っていってやった。③医者に見せようとする子もいた。しかしおとなたちの子犬に向ける目はとても冷たかった。この子犬はいつも悲しい目で顔をみつめ、とてもあわれに見えた。その子犬が突然姿を消した。子犬のあわれな姿が目に浮かぶ。④もし子犬が人間に生まれていればと考えた。そして半年。⑤子犬が首輪をして学生らしい人に連れられているのを見た。うれしかった。

彼女は、五つの部分を指摘して詳しく書いた。次は、③の部分にあたるところである。

すると、一人の男の子がじっとユキちゃんのほうを見ていた。何かを考えこんでいるみたいだった。そして、突然、

「ねえ、おねえちゃん、ユキちゃんをお医者さんに見せたらいいやん。」

といった。そのときも、ユキちゃんは大きい悲しい目で私たちを見つめていた。私は、ハッとした。そうだと思った。

「じゃあ、おねえちゃん、おねえちゃんのママにたのんでみる。」

と私はいった。すると、

「ぼくも、おかあさんにたのんでみる。」

といった。そして、二人でえさを食べさせると、ユキちゃんはクーンいって食べはじめ、食べおわると、また、悲しそうな目で見つめた。その姿がとてもあわれで、かわいそうに見えた。私は、母にユキちゃんのことをたのんでみた。しかし、ことわられた。無理なことはわかっているのだが、母がにくらしかった。男の子のほうもだめだった。そのときも、ユキちゃんの目はとても悲しそうだった。ユキちゃんを見る大人の目は、とても冷たく見えた。ユキちゃんのことを
「雨がふると、くさくてね。早くどこかに連れていかないかしら。」

とこそこそいっているのをきいた。……以下略。


ここには、自分が、ハッとした、そうだと思ったこと、さらに、子犬を通して大人の目の冷たさを、こそこそというところばに見つけたことが出ている。こうした人間を見る目がのぞいているところを評価学習の中で、班員同士で指摘させることによって、自己の内面や外界を見ている目に気づかせるようにした。

ところで、この指導は、「とっておきの話」が一つの構想表の役目をも果たしているだけに、部分の書き込みを通して現実認識を深めさせるという点で学習の焦点化をはかりやすい。

三　他者の意見や考えを読ませ、自分の意見や考えを述べさせる

論理的な認識力を発動させる手だてとして、一つの発想源となる作文や資料を与えることが有効である。中でもクラスや学年の生徒が問題にしていることを投げかけることが、表現意欲を起こさせ、認識を深めさせる契機にもなる。そこで、「期末考査という目的に向かってみんなが努力してきた。その形は人によって違うし、やり方も結果も違う。だが、それぞれの人が自分なりにやって出した結果だから、それが良くても悪くても、その人にとっては価値のあることじゃないか。」という主旨の「とっておきの話」を与えた。次はこの文章を読んで書いた彼女の意見文（論理的文章）の一節である。

学習成績と人間の価値

二年　福嶋涼子

学習成績は、よいほうがいいにこしたことはないと思われます。

それは、人間が、社会における人間の価値を考えた場合、能力、思考が土台となっており、それらがどれだけ備っているかを見る場合、仕事を学習としている学生を対象にすると、学習成績というのは大変大きなポイントになると思いますし、学習成績でしか見ることができないことがあると思います。しかし、①それが価値を決めるにあたって大きな欠陥になっているとも思います。それは人間社会においてとても悲しむべきことと思われるのです。

なぜならば、学習成績というのは、理性であって人間としての感性がとても少ないからです。社会における人間の価値は理性だけでは絶対に決められるものではないと、私には思われて仕方がないのです。

人間社会は、人間がつくり上げている以上、人間は人間として、②人間らしい人間しかできない考えが、社会を高くし

ていくものだと思うのですがどうでしょうか。

この指導の場合は、事前に次の二点を学習項目として挙げた。

① 最も主張したいことと、その根拠を書くこと。

② 反論を予想し、また反論を加えながら文章を展開すること。

しかし、この作文は、もっと具体的な根拠や反論を書き込んでほしいという、傍線指摘の班学習（本文傍線の①部分）を通して、次のように書き込まれた。

具体的にいうと、よく新聞や雑誌にも出ていますが、学歴社会のことが論じられていること。また、入試を苦にして自殺者などが出ていること。それらは成績による人間の価値決定が働いているのではないかと思います。そんなことはない人格の問題だという考えもあるかもしれませんが、事実よい成績を取ろうとしている私たちは、単に人に負けたくないということだけではなく、よい成績がいい人間だという、それとない人間の見方に疑問を持たずにいるのではないでしょうか。

このように、学習項目を設定した場合、推敲の観点が比較的明確に意識され、反論を予想することが加わることによって、「事実よい成績を取ろうとしている私たちは、」以下のような認識ができたのではないかと考えられる。ただし、班員によって書き込み指摘箇所が異なることが多分にあるので、そのどれを生かすかは筆者に十分まかせる必要がある。

四　生活の中の感動的体験を書かせたのち、作中の他者の視点を借りて自己を見つめさせる

生活文学習において感動的生活体験を表現の対象に選ばせることは、生徒の表現動機を呼び起こす。しかも、それは生徒の内面や外界を認識させる上で効果的だと考えられ、作文活動ではよく実践されている方法である。ところで、ここでは、それを通して生活文の中に登場しているところの他者の視点を借りて、その他者の目から自己を見つめさせることを考えた。つまり、他者を一人称にさせることによって、自己認識の深まりをねらおうとした実践である。次は、その第一作文の一節である。

私の従妹とひとりのクラスメート

三年　福嶋涼子

私が二年生のときからのクラスメートのひとりに、私の一つ年下だった従妹にとてもよく似た人がいます。その従妹は、底抜けにやさしくて、小っちゃい子どもが大好きで……（中略）……そのくせちょっと負けず嫌い。成績はいつも一番、学校ではいつもまじめで、しっかりした優等生でした。

親戚が集まると、とかく私とその従妹は比べられました。私はおませで生意気な憎ったらしい子。彼女は素直でやさしくて優等生の女の子。私と彼女は一番の仲良しでしたが、

「きょうこちゃんを見てごらん。」

ということばを聞くたびに、私の彼女を見る目は、やさしいお友だちから憎ったらしいおりこうさんに変わりました。彼女は、その私の目をどんな気持ちで受け取っていたでしょうか。私は確かにそう言われても、笑って受け取りました。

その従妹にも、決してひがみを外に出したようなことを言った覚えはありません。しかし、いくら幼かったとはいえ、私の憎悪の目に気がつかないほどお人好しではなかったでしょう。私への優越感を感じながらも、彼女のやさしい心の中で、何かしら黒い雲がかかっていたのではないでしょうか。

また、彼女はさまざまなレッテルを無情にもはられてしまいました。そのために、彼女は苦しんだことが少なくなかったと思います。四六時中、大人の目、自分の立場、そして、私たち子どもの目も気にして、ものを言い、遊び、笑ったことでしょう。失敗、わがままはゆるされず、泣くこと、おこることもできないレッテルをぶらさげられて。本当は末っ子で、甘えん坊の彼女が苦しまないわけはありません。今考えると他人の目というのは、一万メートルのマラソンよりも、ずっとずっと非情で残酷なものだったにちがいありません。……（中略）…………。

その私のやさしかった従妹に、私のクラスメートでよく似ている人がいるのです。その人を見ると時々その従妹を思い出します。やさしくて、きゃしゃで、おまけにみんなから他の人とちょっと違った目で見られているところまでよく似ているんです。

私が二年のころまでは、私も他の人と同じように、やさしくて、勉強もできて、かわいくて、女らしい○○さんと思っていました。そう思うなかにはやはり女のひがみみたいなものが入っていました。

でも、冬になって、従妹のことを思い出すことの多くなったこのごろ、その人が従妹と同じように消えてしまうのじゃないかというとてつもない想像をするようになり、私はその人に冗談を言い、いじわるを言い、時にはその人に甘えてみたりして、自分で自分に安心させることを覚えました。彼女だって、人とふざけたいだろう。たまには人の目を気にせずに大きな声で笑ってみたいだろうと思ったからです。もうあまりその人の中に従妹を見たくありません。またその人に対して失礼だろうとも思います。○○さんごめんなさい。

思ったことを思いのままやれるということは、とても楽しく、すっきりしたものでしょう。しかし、それもまた、難しく、苦しく、勇気のいるものなのでしょうね。……以下略。

右の作文の中には従妹とひとりのクラスメートが登場している。彼女は、その中の従妹を第一人称にして、次のような第二作文を書いた。その一節を挙げると、

人間というのはいろんな顔を持っていると言いますが、涼ちゃんという人は、私たち子どもといるときと大人と一緒にいるときとでは違う人のように変っていました。

私たちと一緒にいるとき、まだ「年上」の地位に喜んでいた頃は「あんた、私の方が上なんやけね。」とかなんとか言って、自分が魚つりに行きたいと思ったらその通りにさせ、トランプがしたいと思ったら、無理やりみんなにさせるという感じで、その地位にあきてくると、そのうちだんだん「ねえ、恭子ちゃん、魚取りに行きたい。」とか「ねえ、おばあちゃんが買いものに行ってっちいいよるけど行きたくないねえ。」とか「今から勉強するっちゅうことにしようや。」とか言って、私に甘えてくる感じでした。どちらかと言うと甘えん坊だったようです。

ただ、夜ねるときになってふとんに入ったとき、「涼子の深夜放送」と言って、毎晩のように恐ろしい話をしてくれたのですが、涼ちゃんは、そのときとても生き生きとしていました。私が「怖い話して、して。」と言うと、とても嬉しそうに「してやるけ、はよ電気消し。」と言って、最初から最後までその場その場で思いつく通りに作って話してくれました。田舎の木の葉のざわめく音や、暗闇の中で響く祖父のせきの声にも響きがあって、ムードがあり、結構話をまに受けて怖がったりしてたのを思い出します。

そんな涼ちゃんの顔が大人の中に入ると、まるで違ってくるので私は時々なんだかとてもとまどいを感じていました。涼ちゃんは、大変見え坊だったんじゃなかったかと思います。「涼ちゃん、ちょっとここに来なさい。」と祖母から言われて、なにかしかられると、すぐに「だってねえ。」とか「そんなん、ちがうよお。」とか言って口答えをして、すぐけんかというか、涼ちゃんがなにかと理屈をつけていろいろたてついていたようです。

私は、そのときの涼ちゃんを見るのがとても気はずかしいというのか、悲しいというのか、とにかく目を合わせるの

が嫌でした。なぜなら、涼ちゃんのふだんのいつもニヤニヤ笑っている顔がひどくひきつって、口がにゅっととんがり出たりして、なんだか涼ちゃんの中の見てはいけないところを見てしまったようでしたから。

でも、なんといっても私が心の痛い思いをしたのは、しかられて口答えするときに、いつか「だって恭子ちゃんだってねえ。」と言いそうな感じがして気が気でならなかったことです。別に悪いこともしていないし、涼ちゃんに意地悪したわけでもないのですが、なんとなく、涼ちゃんを見ていると、そう言い出しそうで、わけのわからぬ不安に襲われたのです。

私の好きな涼ちゃんは、「涼子の深夜放送」のときの涼ちゃんであり、おふろの中でもぐりっこをしたときの涼ちゃんです。

私が涼ちゃんの前から消えて四年。私が時々見てることも知らずに相変らず「勉強すかあん。」「おなかすいたあ。」なんていいながらしかられちゃあ、なまいき言っていつまでたっても見えっ張りのようです。……以下略。

以上の一節で気づくことは、第一作文では「おませで生意気な憎ったらしい子」というように自己を語っていたことが、視点を変えることによってかなり具体的に自己の顔を見つめ、「見えっ張り」の自己を認識してきていることである。それだけでなく、想像的に従妹の気持ちを語ることができていることである。

ところで、この学習の感想として、他者の視点で書いたほうが書きやすかったという生徒の感想が多く出た。このことから創作文（文学的文章）の学習が可能だし、想像的に自己の内面や外界を見つめ、見つめ直す目を養い、新たな目を拓いていく力をつけることができると考えられる。

五　自分にとって切実な問題を、主人公（第三人称）を設定して、想像的形象的（物語・小説風）に表現させる。

自己のことを他人のことのように表現できる。自分の想像をいっぱいにはたらかすことができる。そこが思春期の中学生の創作文に対する興味のようである。次は、題目、いちばん表現したいこと、ストーリーとヤマ、登場人物、場面、事件（主人公にとって緊張的なできごと）等の創作構想メモの学習を通して、書き上げられた彼女の創作文（文学的文章）の一節である。

振子　　　　　　　　　三年　福嶋涼子

「はい、お疲れさま。痛かったでしょう。」

一時間も前から、キーンジージーという音にいじめられているのをいかにも嬉しそうに見ていた衛生師のお姉さんが、消毒の香りのする手で珠子の顔をポンと一つたたいた。

ギッという音をたてて診療室のドアを出ると珠子は、「芝刈さんしばらく待っていてね。」というさっきの衛生師の声を聞きながら、待ち合い室の大きな窓の下にすわった。……中略…………。

彼女は麻酔のきいたへの字にひきつった口でにが笑いをしながら読んでもいない雑誌を置いた。窓の外にはムードのかけらもない雨がシトシト降っている。まだ六時前だというのに外はまっ暗。空は灰色だ。

「いやな天気。」

そのとき、息をはずませて勢いよく入ってきた高校生ぐらいの男の人が、珠子の正面にどっかとすわり、急いで英語の教科書を取り出してページを開けると、ただ眼を動かすだけになった。

珠子は、じっとその学生を感心したように見つめていたが、「でも、ちょっといやな感じ。」と、小さくつぶやいた。しかし、彼女はそのときどうしてその学生がいやな感じに見えたのか、自分でも分らなかった。「はじめは、あの人を素直に偉い人に見ることができたのに、……いやだなあ。」……中略…………。

妙に前の学生が気になってしょうがない。

「あの学生さん受験生かな……。ああそう、私も中三だったな。そうだ、私も受験生だったんだ。それなのに私ったらのん気に、単語カードの一つも開けようともしないで、あの学生さんを……、恥かしい。」しかし、珠子にはカバンを開ける勇気がなかった。彼女は、目を閉じて眠ることにした。

「ああいやだ。さっきのあの学生さんをいやな感じと思ったのは、私のひがみだったのだろうか。私が勉強しようと思うのはそのときだけ。勉強は、私の心と試験前の三日だけしか存在しないみたいだ。今日もまた、家に帰ってごはんを食べて、テレビを見て、親に今日の学校での勉強の話を聞かれて、『あんた、それでも高校行く気あるんかね。』としかられて、それで、私は勉強のやる気をなくして、机の前で時間をだれのために使うのだろうか。そして、ふとんにもぐって勉強のことを考えようとするけれど、眠れなくなると困ると思って本を読み出すのだろうか。ああ、私は時が憎らしい。」

珠子は、こぶしで思いきりソファーをドンと一つたたいた。ソファーは何の抵抗もなくふにゃあとへこんで、また何もなかったようにすましていた。珠子には、それが大変頭にきたように、一度へこんだところに、思いっきり教科書の入った学生カバンをたたきつけた。それでもソファーは、わずかにバウンドをきかせてカバンをのせていた。彼女は、それが前にもまして腹立たしくなったが、たった今自分がやった行為に驚いて、教科書から目を離した前の高校生に気がついて、あわててそのカバンを開けて、ハンカチを取り出していた。……以下略。

この作文を通して、彼女がいちばん表現したいこととして挙げていたことは、「受験生としての今の自分の毎日の生活は、歯医者という痛い思いをしなければならない。そのいやなもの、つらいものから逃げようとする自分という人間を考え直すこと」であった。

そんな表現動機が想像的形象の世界で、自己を解放し、自己を問い直し、新たな自己を獲得しているとすれば、創作文（文学的文章）は、新しいことばの可能性を十分に拓いているといえそうだ。

六　おわりに

以上いくつかの実践例と一生徒の作文の一節を一年から三年にわたって紹介してきた。しかし、はたしてわたしの作文教育を通して彼女が認識力をつけてきたといえるかどうか、その評価はむずかしい。総体的に言えることは、表現を通して認識のあり方に気づかせ、表現の方法を指導していくことによって、書けなかったところが書き込まれたり、考えが広められたり、深められたり、また、反論を予想させる学習で相手意識が高められたりしてきているのではないかということである。しかし、はたしてそれが指導によったものか、人間の成熟過程としてむしろ必然性によったものか結論は出せない。

思うに、認識力を育てる作文教育は、指導の手を加えることによって、生活の中に表現の題材を見つけさせ、生活文を基盤に論理的に、文学的に表現を促していく中で、ことばを拓き、新しい生を獲得する喜びを体得させることではないかと考えている。

3　作文に表れた「ケンカの諸相」
――中学校一年生の場合――

「ケンカをして、たくさん矛盾を克服した子どもほど、したたかに発達する」といわれている。いったい中学校一年生がどんなケンカをやっているだろうか。作文に表れたケンカの対象を上げると、

仲間（友だち）…三五％　兄弟（姉妹）…三一％　母…二五％　父…二一％　男女…二一％
行きずりの人…二％　不良…一％　家族…一％　祖母…一％

となっている。内容をみると、仲間（友だち）とのケンカ、ならびに、男女の対立によるケンカの場合は、小学校中学年・高学年の場合がほとんどで、九〇％近くを占めている。それに対し、兄弟（姉妹）・母・父・祖母を対象としたケンカは九五％あまり中学校に入っての場合になっている。次第に仲間（友だち）を対象にしたケンカからおとなに立ち向かっていくケンカに変わっていっているのである。

ケンカの様相をみると、仲間（友だち）や行きずりの人（含不良）とのなぐり合いのケンカがわずか一八％で、それは男子に限られている。女子の場合は、友人関係にひびが入ったものが多く、いわゆる兄弟（姉妹）ゲンカにおけるなぐり合いを除くと全部口ゲンカである。

このようにみてくると、ケンカに徹して力と力を激しくぶっつけ合うものより口ゲンカが多くなっている。つまり、かたき同志のように憎しみ合い、負ければ力いっぱいからだをふるわせ、大声をあげ、涙をポロポロと流すケンカが少なく、ことばによる戦いで、暴力も徹底的に自分を投げつけ、かなぐり捨てるような一途なものが乏しい。

波多野完治氏がいう「対人感情」の体験が不十分になりはしないか、という心配さえ出てくるのである。それは、「知能および認識が、感情によって、おそくなったり促進されたりする。」という教育上きわめて大切な好奇心の触発にもかかわってくるのである。

それはまた、国語科教育における感情教育のあり方を考え直す視点にもならなければならない。

次は、仲間（友だち）とのケンカで、口ゲンカ（女子）となぐり合い（男子）の場合の一例である。

①「ごめんね。人の分の実験まで黙ってやってしまって。でも、Aさんたちも悪いのよ。」
「どこが悪いのよ。」
「だって、試験管ばかり洗っていて、実験しようとしてなかったじゃない。」
「何言ってるの。試験管洗ってって言ったの、あんたたちでしょう。」
「そうはいうけど、限度ってものがあるでしょう。あんなに何本も洗わなくったって、必要な分だけ洗えばいいじゃないの。」

最初は冷静だったわたしたちもだんだん激しくなる。怒りを押えられなくなった。相手もすごいけんまくである。……（中略）…………。

「相手は、こっちがあやまっても全然許してくれない。そればかりか、一方的にこっちが悪いと決めてかかっている。自分たちも悪いんだということを考えてほしい。実際に実験をほうり出して試験管ばかりを洗っていたではないか。わたしたちが試験管を洗ってといったのをいいことに。それなのに自分が悪いことをしたのに、こっちばかりを責める。わたしたちのどこが悪いんだ。」

わたしは、そのときこう思った。

②「バシッ、ビシッ、バスッ！」

五・六分もたつと、体力の差でだんぜんぼくの方が不利だった。こうなったら最後の手段、必殺ワザを出す以外けんかをのがれる方法はなかった。

ほっぺたをなぐろうとする右の手をつかんで、相手にあまり被害のないよう少し軽く
「ガブッ!」

とかみつき、二秒くらいたってすぐはなした。

しかし、相手の被害は大きく、手首の肉はえぐりとられて、横から白い骨がのぞき、血がだらだらと流れているのを見て、背筋がぞーっときて、歯がガタガタとふるえ、自分のやったことが信じられなかった。殺人を犯したときなんかも多分こんな気持ちだろう。……(中略)…………。

それから後、○○君のキズあとを見て、

「ごめんね。」

とあやまると、

「親友のしるしやんか。」

といって許してくれる。


以上、二作品の一節を挙げたが、もともとケンカは要求と要求との厳しい対立から生まれた危機的な状況だけに、人間性の生地が最もあらわに表現される場面でもある。それだけに、自己を知り、相手を知る重要な契機にもなってくるわけである。次に、生徒たちが作文を通して、ケンカをどうとらえ、自己や相手をどう見ているかを見てみると、

- ●ケンカは人を結合させる。
- ●ケンカによって友情が生まれる。

- ●ケンカはより自分を強くする。
- ●ケンカはバカらしく得にはならぬ。
- ●ケンカは仲のいいことの証明だ。
- ●ケンカは自分の成長だ。

という見方をして、自己、ならびに相手認識として、

- ●自分の一方的考えに気づいている。
- ●相手のよさを見つけている。
- ●自分の性格に気づいている。
- ●自分の主張を強めている。
- ●自分の気持ちの通じなさを見ている。
- ●ケンカしたくなる自分を見つけている。

などを挙げることができる。こう見てくると、ケンカの作文は「対人感情」を育て、感情教育をはかる国語科教育の重要な布石の一つになりそうである。

4　文のつなぎ――「接続詞」の使用状況――をさぐる〈教科書と児童生徒作文〉

一　はじめに

文章のおもしろさは、文と文との飛躍と連接にあるといっていい。飛躍が大きくなればなるほどイメージ性や象徴性は富んでくるが思考の論理性は乏しくなってくる。

ここでは、教科書（小学校昭和五十二年版 中学校昭和五十三年版 光村図書）における接続詞の使用状況を文学的文章（童話・物語・民話・小説・詩歌）、論理的文章（論説・説明・記録・報告・解説）表現（話し合い・発表・生活文・創作）を対象に析出し、児童生徒の作文（私の自画像）における使用状況とを比較し、児童生徒の表現の論理性を中心に考察を加えてみることにした。

接続詞の機能を種類分けすると、並列、添加、選択、条件（順接、逆接）になる。これらが実際どの程度使用されているか、また、その使い方の学年段階はどうなっているかを調べ、今後の表現指導の助けにしたいと考えた。中でも文の逆展開（逆接）がどのような形で出てくるかに焦点を当てて考えてみることにした。というのは、文の逆展開（逆接）は、文の順展開（順接）や並列、添加、選択の思考を一旦断ち切って、表現者の主体的判断や考えを接続していく機能をもっていると考えるからである。また、読む側にとっても、文脈を通して予想、予期しているることが、どのように断ち切られ、予想や予期がどうひるがえされるかの期待感を持っていないとはいえないからである。

さらに、読みの学習教材と児童生徒の作文表現における接続詞の使用状況に、どの程度の相関とズレがあるのかをとらえるだけでも興味があるし、とりわけ児童生徒の成熟度（自我意識のめばえ）と表現の発達性（逆展開思考）とはある程度の関係をさぐれるのではないかと考えたわけである。

なお、少し大げさになるが、文と文とをつなぐ接続詞を考えることは、表現の論理性から思考の展開を考えることともかかわるし、人と人との接続関係を考えることへも発展できるのではないかという願望もあったわけである。

したがって、この研究調査は、国語科教育の実践報告というより、今後の国語科教育を考える上で、とりわけどういう表現教育をしていったらいいか、その考え方をつくる問題提起としてのねらいがある。

以下、余白の関係もあって、接続詞の使用状況を集約した教科書と児童生徒の作文（とくに中学生の例を中心にして）の場合を示し、それがどんな意味を投げかけているか、私なりの考えを述べてみたいと思う。

二　教科書における接続詞の使用状況

(1) 小学校　教科書における「接続詞」の使用状況

光村図書（昭和五十二年版）　〔しかし…地の文／「しかし」…会話の文〕

種類＼学年	1年	2年	3年
	24	97	149
並列	また……4	また……4	また……9
	4	4	9
	そして……8	そして……16	そして……15

添加	選択	条件 順接	条件 接
そうして……3 それから……2		そこで……1 すると……1 それで……1	それでも……2 けれども……1 でも……1
13		3	
それから……10 そうして……5 それに……1 「そして」……1 「それから」…1	それとも……1	そこで……11 すると……9 それで……5 それでは……2 では……2 「だから」……1 「それじゃ」…1 「そしたら」…1	でも……9 けれども……5 ところが……3 それでも……3 けれど……2
34	1	32	
それから……8 そうして……7 それに……1 「そして」……1 「それから」…1 「それに」……1	それとも……2	すると……16 それで……6 そこで……5 では……4 ですから……2 それでは……1 だから……1 と……1 「では」……3 「だから」……1 「それじゃ」…1	でも……14 けれども……13 ところが……12 しかし……8 それでも……5
34	2	41	

	逆
4年	
	4
5年	だけど……1 だって……1 「でも」……1 「けれど」……1
	26
6年	けれど……2 だって……1 「でも」……4 「だって」……2 「けれども」……1 「だとも」……1
	63

種類／学年	並列	添加	選択	
4年	また……13	そして……26 それから……5 それに……2 そうして……1 「そうして」……1 「そして」……1 「それに」……1	あるいは……2	すると……8
134	13	37	2	
5年	また……27	そして……30 それから……6 そうして……3 「そして」……3 「そうして」……1 「それから」……1 「それに」……1	それとも……4 または……2	すると……19
210	27	45	6	
6年	また……22	そして……52 それから……9 しかも……6 そうして……5 それに……5 そのうえ……4 「そして」……1 「そうして」……1 「それから」……1	あるいは……2	そこで……18
240	22	84	2	

条件	
順接	逆接
それで……7 そこで……7 では……3 ですから……3 だから……2 それでは……1 ところで……1 さて……1 したがって……1 「だから」……4 「では」……1	しかし……14 でも……9 ところが……8 けれども……5 だが……2 それでも……1 「でも」……2 「だけど」……1 「ところが」……1
39	43
そこで……11 だから……4 では……3 さて……2 ですから……2 したがって……1 「では」……3 「だから」……3 「それで」……1 「そいで」……1	しかし……27 ところが……9 が……8 それでも……6 けど……6 でも……4 だが……3 けれど……1 けんど……1 「でも」……9 「だけど」……4 「しかし」……1
50	82
だから……12 すると……7 それで……4 ところで……3 では……1 さて……1 そしたら……1 と……1 「では」……3 「そしたら」……1 「それで」……1 「すると」……1	しかし……35 ところが……10 だが……7 けれども……5 でも……4 が……4 それでも……4 で……1 「しかし」……2 「でも」……2 「それでも」……1 「だって」……1
54	78

「ところが」……1 「けれど」……1 「だって」……1	
「だ　が」……1 「けれど」……1	

(2)　中学校　教科書における「接続詞」の使用状況

光村図書（昭和五十三年版）

（しかし　…地の文
「しかし」…会話の文）

学年＼種類	並　列	加
1　年	ま　た……25	そ　し　て……39 そ　の　う　え……7 そ　れ　か　ら……5 し　か　も……4 そ　れ　に……3 そ　う　し　て……2 そ　れ　か　ら……1 そのうえに……1
276	25	68
2　年	ま　た……42 それにまた……1 「ま　た」……2 「それからまた」1	そ　し　て……49 そ　れ　か　ら……6 な　　お……5 し　か　も……3 そのうえに……2 そ　の　う　え……2 た　だ　し……1 「それから」……1
285	46	76
3　年	ま　た……45 しかしまた……1 「ま　た」……3	そ　し　て……58 し　か　も……11 そ　う　し　て……7 そ　れ　か　ら……3 そ　れ　に……2 そ　の　う　え……1 た　だ　し……1 た　　だ……1
323	49	89

添	選択	件 順接
なお……1 「そして」……2 「それから」…1 「それに」……1 「そのうえ」…1	それとも……2 あるいは……1 または……1	そこで……21 だから……12 ところで……10 すると……8 さて……3 では……3 それでは……3 したがって…3 それで……2 と…………2 ですから……1 すると……1 「では」……4 「それでは」…3 「ですから」…2
	4	80
「そして」……4 「それに」……2 「しかも」……1	あるいは……4	すると……10 そこで……9 ところで……8 だから……8 したがって……6 ですから……4 では……4 だから……3 それでは……3 それで……1 さて……1 で…………1
	4	58
「それから」…2 「それに」……1 「そうして」…1 「そして」……1	あるいは……5 または……1 「それとも」…1	だから……13 そこで……12 したがって…7 それで……4 ところで……3 ですから……2 では……2 さて……2 それでは……2 すると……1 さても……1 すなわち……1 しからば……1 と…………1 で…………1
	7	55

条	
逆接	
しかし……46 ところが……14 だ　が……12 けれど……6 それでも……5 が……5 けれども……3 で　も……1 しかるに……1 「で　も」……3 「けれど」……1 「だ　ば」……1 「だとも」……1	「それで」……2
99	
しかし……47 ところが……9 だ　が……8 で　も……5 けれども……4 が……4 それでも……4 けれど……1 「しかし」……9 「で　も」……4 「だ　が」……2 「けれど」……1 「それでも」…1 「けれども」…1 「だのに」……1	
101	
しかし……73 ところが……17 だ　が……10 が……4 けれども……3 けれど……2 それでも……2 で　も……2 「だけど」……3 「しかし」……3 「が」……2 「それでも」…1 「けんど」……1	「それでは」…1 「で」……1
123	

この一覧表からいえることは、接続詞の使用量が小学校四年生を除いて順調に増していることである。とくに添加においては順次使用量が多くなっていると考えてよい。逆展開（逆接）の場合を考えると小学校四年生と六年生においていくぶんかの陥没があるが、「しかし」に焦点を当てると、小学校三年生から順次多くなる形になっている。

小学校三年生「上」の教科書に出てくる「しかし」の最初の例は、「子牛の話」（花岡大学）に出ていて次のようである。

その日から今日まで、しんぺい君とおじいさんは、子牛のことについて、いっぺんも話したことがありません。きっぱりあきらめたからです。

しかし、しんぺい君は、本当は、あの子牛が売られていった先を、こっそりさがしていたのです。

また、逆展開（逆接）が初めて出てくるのは「けれども」で、小学校一年生「上」の「おおきなかぶ」に、次のように出ている。

おじいさんは、かぶをぬこうとしました。

「うんとこしょ、どっこいしょ。」

けれども、かぶはぬけません。

この「けれども」は、九単元めに出てきているものである。

試みに谷川俊太郎氏らが実験的に作った「子どもの館62」（七月号・福音館書店・昭和五十二年）から出ている「総特集『小学校一年国語教科書』」を開くと、まず「わたしかずこ」という見出しがあり、《おはよう・こんにちは》という項があって、最初が次のような文になっている。

ないたりほえたりさえずったり、
こえをだすいきものは、
たくさんいるね
けれど　ことばを
はなすことのできるのは、

ひとだけだ。
とあり、次に
かずこも
あかちゃんのころは、
ことばをはなせなかった。
でも　いまはもう
はなせる。
あさがくると　みんな
「おはよう」て　いうね。
とある。こんなところに目をつけて灰谷健次郎氏は「やはり人の関係というものの上でことばが成立しているということを、キチッと通していますね。……ああいう教科書を教師が使いこなすと、成績のよし悪しというものが、ほとんど出てこないことになりますからいわゆる選別教育は成り立たなくなります。」といっているように、逆展開（逆接）の接続詞を他者や自己との関係において認識していくように文脈が設定されている。

検定教科書を使っていく上での一つの表現指導の視点として受け止めたいものである。

また、学年を追うごとに接続詞そのものの量が多くなっているのは、文章そのものが長くなってきているということもいえるが、接続詞そのものも多様であるところから、表現にふくらみが出てきているといえそうだ。ただし、小学校四年生の場合は、児童生徒の発達段階の上から、意図的に少なくしているのか偶然なのか、とくに逆展開（逆接）の少なさは注目しなければならないように思う。

では、児童生徒の作文の場合はどうであろうか。用紙の関係で中学生の集計分を示し、小学生の使用状況については、解説的に示すことにする。対象は福岡教育大学附属小倉小・中学校の児童生徒である。

三　児童生徒の作文における接続詞の使用状況

(3)　生徒の作文における「接続詞」の使用状況

作文の題目「私の自画像」（自分とは何か）

学年＼種類	並列	添加	選択	接
1年（4～2枚 45名）	また……26	そして……23 それから……10 しかも……2 そうして……1	それとも……1	だから……31 すると……6 それで……4 では……4 ところで……2
183	26	36	1	
2年（4～2枚 45名）	また……33	そして……31 それから……5 そうして……1 そのうえ……1	それとも……1 あるいは……1	だから……27 では……2 そこで……1 すると……1 ですから……1
217	33	38	2	
3年（4～2枚 45名）	また……18	そして……24 それから……13 ただし……1 そうして……1	または……4 あるいは……1	だから……39 ところで……2 さて……2 では……2 したがって……1
208	18	39	5	

条件	
順	逆接
そこで……1 すなわち……1	しかし……26 でも……25 だけど……7 だが……7 けれど……3 が……2 けれども……1
49	71
ところで……1	しかし……61 でも……27 だけど……6 だって……4 けど……4 が……3 それでも……2 けれど……1 けれども……1 ところが……1 ですが……1
33	111
すると……1 と……1 すなわち……1 それでは……1 で……1	でも……44 しかし……33 けれど……8 それでも……5 だけど……3 ところが……1 だって……1
51	95

まず割愛した小学生の場合を考えると、作文の題目「私の自画像」を一年生では「わたしについて」二年生では「わたしのこと」三年生では「わたしのじまん」四年生では「わたしのしょうかい」五年生では「わたしの自己紹介」六年生では「わたしの顔」というふうにして与えた。作文の長さは四百字詰原稿用紙半枚から二枚にわたっている。各学年の人数と接続詞の使用状況は、次のようである。

一年生	39名	並列	1	添加	14	選択	0	順接	1	逆接	1	合計	17
二年生	39名	並列	1	添加	13	選択	0	順接	8	逆接	10	合計	32
三年生	36名	並列	0	添加	13	選択	1	順接	2	逆接	11	合計	27
四年生	25名	並列	2	添加	36	選択	0	順接	9	逆接	22	合計	69
五年生	34名	並列	0	添加	7	選択	0	順接	1	逆接	13	合計	21
六年生	36名	並列	8	添加	33	選択	0	順接	32	逆接	34	合計	107

これをみると、五年生に大幅な陥没をみることができる。しかし、原因が何によるものか、この結果だけでは何ともいえない。

ところで、逆展開（逆接）の「しかし」だけをみると、四年生が一回、五年生が五回、六年生が六回で、四年生から使い出されていて、教科書の文章に使われている三年生の場合と比べると一年間の差をみることができる。

四年生の場合の使用例を挙げると、

> 小倉ようち園に入りました。やっぱり小倉ようち園でも、ぼくがばんちょうでした。しかし、ぼくのくみの人がなかされていたのでたすけにいくと、こんどはぼくもなかされました。「たけぞう」というやつです。

というわずかの一例である。なお、教科書に掲載されている生徒作文では、五年生のものでわずか一回の使用である。

中学校の場合は、右の表にみるとおりであるが、三年生の接続詞使用が二年生より少なく、とりわけ逆展開（逆接）の接続が二年生より少ないことが興味を引く。二年生が自我意識のめばえの時期だから、他の要因によるものなのか、これまたこの結果だけでは何ともいえない。

しかし、中学生の場合は他の接続の種類に比べて、どの学年も逆展開（逆接）が最も多いことである。中でも二年生の場合、他学年に比べて、使用の種別が最も多いということである。加えて「しかし」の使用についても三年生に比べると二年生が多いことである。

しかし、わずか一つの作文でもってそれを普遍化することは危険である。もっと多くの作品例、あるいは、その学年や学級の指導の加え方によって多分に変わってくるものと考えられる。それだけに中学校二年生での逆展開（逆接）思考の指導としての取り扱い方や解釈が、なんとなくそうだとうなずけながらも今後に残ることになる。

四　おわりに

この研究調査がデータ上のことであり、かつ、一回かぎりの指導を加えない作文の場合にとまっているだけに、他の児童生徒との比較も難しいし、どうだこうだという解釈をすることもあまり意味はないように思う。いわば、今後の表現指導の一つの目安くらいになるのではないかと考えている。

ところで、接続詞において、かなりの学年段階をみることができるし、とりわけ逆展開（逆接）表現に児童生徒の発達段階をみることができるように思える。そして、それが人や物との関係の上でしっかりと意識づけられていくと、言語教育としての一環を接続詞が十分果たすことになるし、逆に、逆展開（逆接）表現が表現者の主体性を確立していく力にもなるように思える。

したがって、文章表現の中における「しかし」や「けれども」「でも」などの逆展開（逆接）表現の機能を認識の方法として、話す書くという表現活動の中に意識化していくことがこの研究から提起できるように思う。それは、「ぼくは、日曜日には、おきるのがはやいです。ぼくは、おにごっこがつよいです。ぼくは、シャワーがすきです。……」のような羅列型作文や「ぼくのいいところは、じゅぎょう中に人の話をよく聞くことです。そして、だれとでもなかよしで、けんかをあんまりしないことです。そして、ぼくのじまんは足のはやいことです。そして、わるいところは、じゅぎょう中にときどき手あそびをすることです。」といったような「そして」型作文に新たな思考の流れを作ることになり、文章における時間と空間意識を培うことになると考えるからである。

このように考えてくると、言葉が思考を促し、自己を問わせ、現実を見つめ直させ、ひいては、言葉が自立した人間を生み出していく力を発揮してくるのではないかということである。

いささか狭い視角からの問題提起になったが、今後の国語科教育の中で、改めてちょっと意識をとめたいなというところを見つけたような気がする。

Ⅷ　進んで学習に取り組ませる——授業技術

1　問題解決の見通しを持たせる板書

一　板書の教育力

「天神印のチョークが一番書きやすく、黒板に鮮やかに文字がのり、生徒に文字が浸透していく。」とは、大村はま先生の言葉である。丁寧に、濃淡がくっきりと書かれた板書の文字が生徒の文字力に感化を与えるのは明瞭な事実である。同時に、認識、伝達、思考、創造の言葉の機能の理解や習慣を助け、その結果としてより確実な言語の力の定着を図っていくのも板書である。

そこで、教材の中の重要語句や思考活動を促す国語学習の基本語彙を駆使したり、音声言語を視覚化したりして、学習内容の理解や習得、思考活動の深化を図ることを板書の主たる教育力だと考えるならば、補助手段としてのカードや絵図などを使いこなすことも板書技術の一つで、板書の場合の重要な側面になる。よって、学習内容の理解や習得、思考活動の深化を図る方法として板書を機能させることが、板書の教育力の課題となる。

二　読み手の問題意識を喚起し、問題解決の見通しを

板書の教育力を考えると、板書によって問題意識を喚起し、思考活動を促して問題解決の手順（方法）や手段を示していくことが大切である。なかでも学習問題を明確に把握させることが解決の意欲と見通しを持たせる核とな

る。実践事例（教材は、平成二年版　光村図書　国語一に掲載）は、次のようである。

1　作文指導の場合（一年生）

題材を問いかけ文の形にして示し、それを解決していく主張や根拠を明確にさせ、表現の理論へつないでいかせる。

次は、意見文を書かせた作文指導の板書例である。

意見文を書こう（宿題と勉強の意味を考えて）
題材「宿題をしなければ勉強とはいえないか」
あなたの考え（主張）は、（　　　　　）
その根拠①
その根拠②
その根拠③　｝（目標に）
あなたの考え（主張）に対して予想される反論
反論①
反論②
反論③　｝（目標に）
予想される反論に対するあなたの反論
反論①
反論②
反論③　｝あなたの考え（主張）に照らして

よって、あなたの考え（主張）は、（　　）

板書計画に加えて、「宿題」「勉強」の意味（まず個人で、そして、班で）を考えさせ、補足として「根拠」「反論」の数は、②～③を「目標に」を付記したものである。「意味」は赤、「考え（主張）」は黄のチョークにした。

2　文学的文章の場合（一年生）

作品を数回通読させたのちの問題意識から学習問題を設定させ、それを追い求め、作品を構造化しながら解決していけるようにする。

次は、教材「少年の日の思い出」（ヘルマン・ヘッセ）の読みの指導における板書例である。

「少年の日の思い出」を読み深めよう

一　通読してみんなで問題にしたいことを書き出す。
　1　自分で問題にしたいこと（　　）
　2　班で話し合って、学習問題にしたいこと
（僕は、どうしてちょうを指で粉々に押しつぶしてしまったのだろうか。そして、それはどんなことを表しているのだろうか。）
二　登場人物（僕、エーミール）とちょうとの関係
三　僕のちょうに対する関係の変化
四　ちょうを押しつぶしてしまったことの原因
五　「厚紙の箱」「やみ」「ちょうを一つ一つ取り出し」「指で」「粉々に」「押しつぶしてしまった。」などが暗示していること

これは、学習問題を読み手が表現に即して作品を構造化し、読み深めていけるように最初に示したものである。学習問題は黄、五の文は赤のチョークにした。

3　説明的文章の場合（一年生）

書き手が自らの問題提起に対してどのような解決の手立てをとっているか、経験（事実）レベルと思考レベルとの関係に目をつけていけるようにする。

次は、教材「植物のにおい」（岩波洋造）の読みの指導における板書例である。

「植物のにおい」の文書を読み取ろう

一　問題提起の段落「植物が体から出すにおいには、どんな働きがあるのだろうか。」（要点）

二　他段落を「実験」「推測」「まとめ」「結論」に分け、段落ごとに要点を書く。（要点略）

三　各段落を実験（事実）レベル、思考レベルに分けると、※段落番号はカードにしておく。

経験レベル　②—③—④　⑥—⑦—⑧

思考レベル　①　⑤—⑥　⑨—⑩

四　問題提起の「働き」は、実験の結果、どのような言葉でまとめられているか。

（植物のにおいは、自衛のための武器だったのである。↑説明）

五　「植物のにおいと人間の生活」との関係を一〇〇字の作文にしよう。

問題解決学習の中核的存在であるＫＪ法のＷ型モデルの方法へ目を開いていかせる方向で板書を位置づけた。問題提起の「要点」と「働き」の「まとめ」は黄、「↑説明」は赤のチョークにした。

三　問題解決の見通しを持たせる板書の条件

1　本時の学習目標を書く。

2　学習活動の具体的なめあて（問題提起）を書く。

3　具体的なめあてを解決する手順（方法）や手段を書く。

4　手順（方法）や手段を分節的に書く。（カードや絵図の使用も考える。）

5　作品の構造や文章の構成にかかわるように書く。

・作品の中の言葉を引用して

・文章の段落分けの視点を示して

6　表現活動を促すように書く。

・作品や文章の内容を取材の対象にして

・表現の条件を作品や文章の中に求めて

7　本時が終了するまで途中で消さないように書く。

2　知的好奇心と授業技術の工夫

一　はじめに

国語科の目標や指導のねらいは、技術のレベルで具体化されてはじめて授業の中に生きてはたらくものとなる。一般に授業の技術などというと、何か固定化した小手先の形式を運用することだと思われるか、さもなくば、授業で大切なのは教材解釈や教材観で、授業技術などを求めても生徒の知的興味を喚起することはできないという否定的な考えを持たれるかであろう。しかし、いくら教師としての情熱があっても、授業技術が伴わないかぎり、指導としての授業が実を結ぶことは少ないに違いない。

技術というのは、本来、「対象をあるがままにしておかないで、あるべきように変えようとする。したがって、その目的は認識ではなく、創作・生産である。」(「技術の発生と展開」坂本賢三・『技術　魔術　科学』新岩波講座哲学8・岩波書店・昭和六十一年)という。そうであれば、生徒の認識を変容し、可能性を拓くということに授業のねらいがあるかぎり、授業技術は存在するし、現に日々の授業の中で機能していると考えることができる。

しかし、その多くは授業技術が知識の注入や指導事項の伝達のみに駆使されて、生徒の知的興味や関心のわき立ちを押さえ、疑問や追求を導く知的好奇心を正当に授業の中に位置づけてこなかったことが、特に説明的文章の読みの指導の場合顕著ではなかっただろうか。

ここで、改めて「人間は怠けものでなく、本来知的好奇心の強い、活動的な存在である。」(『知的好奇心』波多野誼余夫・稲垣佳世子・中央公論社・昭和四十八年）という仮説に立って、生徒の知的好奇心を切り拓く説明的文章の指導技術の工夫をいくつか挙げてみたい。

二　説明的文章における知的好奇心喚起の授業技術

1　読者意識に問いかける発問の技術

問いと答えとの間に交わされる生きた対話こそ知性誘発の基点だとすれば、発問が授業を決定づけることは言うまでもない。問題は、段落相互の関係や要点、要旨の形式的操作的把握の学習から、いかに文章内容や思想に対する言語体験を深める発問を創出していくかにかかっている。

一般に説明的文章といえば、題名読みといわれるように、題名に対する反応をもとに文章内容に関する予想や疑問、あるいは興味関心などを取り上げた実践が行われている。生徒たちも一応知的興味を示す。しかし、授業の全過程を通して生徒たちが主体的、能動的に学習に取り組み、追求しつづける発問こそ構成していくことではなかろうか。

(1)　題名に対する興味関心を問う

この場合、できるだけ豊かな解釈を引き出す。特に題名の言葉の一つ一つを吟味するように、その意味をふくらませていく。たとえば、「法隆寺を支える木」（小原二郎・昭和五十六年版 光村図書 国語二）の「法隆寺は、どこにあり、いつ頃の建物か。」「支えるというのは、①法隆寺が倒れないように、つっぱってくいとめている。②維持する、の意味のどちらか。」「木というのは、どんな木か。」などである。

(2)　題名に関わった資料を見せて、反応を問うたとえば、「法隆寺」と「木」とがどう結びつくのか、「支える」というのが、どういう意味かを正していくために法隆寺の五重の塔や金堂の写真並びに構造図を見せる。

(3)　題名を考える意義や価値を問う

たとえば、今「法隆寺を支える木」を考える意義や価値があるとすればそれは何かということである。

ここでは、小見出し「1　日本人と木」「2　木の特性」「3　塔は人の心組み」を取り上げ、それらを関係づけて、どんなことが問題になっているかを予想させたのち、そのことを考える自分なりの意義や価値をノートさせる。

生徒たちは「新建材や鉄骨を使った建築の多い今日、改めて木の役割や命を考えることができるのではないか。」「日本人が失っているものを気づかせる価値を法隆寺の木が持っているのではないか。」「人間以上に木が教えていることがあるのではないか。」などと読みへの関心を深める。

(4)　読んで、わかったこと、また、初めて気づいたことは何かを問う

説明的文章のおもしろさが、未知との出会いにあるとすれば、そのおもしろさの体験を語り合う楽しさを味わうことで、知的好奇心は一層刺激を受けることになる。

たとえば、出てきた内容が小見出しの「1　日本人と木」「2　木の特性」「3　塔は人の心組み」のどの項目に多いかを確かめながら黒板に整理していく。そして、

①　どのわかり方や気づき方がすごいと思ったか。

②　わかり方や気づき方を通して、もっと読み深めたり、考え合ったりしたいところはどこか、などと問いかけながら、教師の共感も与えていくようにする。

(5)　読み深めて、一番好きな小見出しの章はどこか、また、その理由は何かを問う

読解したのちの反応とその理由を問うことは、生徒たち自身に読みの質を吟味させることになる。

たとえば、「1　日本人と木」…七％、「2　木の特性」…三一％、「3　塔は人の心組み」…六一％が生徒の反応である。特に「3」の場合は、「西岡家に伝わる宮大工の口伝」の《「塔組みは　木組み／木組みは　木のくせ組み／木のくせ組みは　人組み／人組みは　人の心組み」は、表現の形そのものが美しい建物のように組み合わさっているところがすばらしいから。》と書いた生徒の理由に、心から賛同の意を加えてみんなに紹介する。（共感による応答は、国語教室における大事な指導技術である。）

(6)　題名を考えた意義や価値は、学習後どうだったかを問う

たとえば、「木は二度生きるということを知って、木造建築を見る目ができたこと。」「法隆寺が棟梁の統率力だけではなく、大勢の大工の心が一つになり、ヒノキの良材に恵まれて出来たというところに、歴史書と同じ記録が秘められていること。」「木には人間の知恵のはるかに及ばない神秘的価値があること。」などが、学習後の生徒の声である。

以上が、発問の技術であるが、要は生徒の反応を引き出し、同時にそれを生徒の問いとして深めていくことである。

2　論理の組み変えによって、思考力を促す技術

生徒の持っている知識に配慮をよせながら、文章の論理を意図的に組み変えることによって、知的好奇心を誘発し思考力をつけていこうとする技術である。

いわゆる文章の読みに知的操作活動を持ち込むことによって、生徒が楽しいと思う作業を与えていくことである。

(1)　段落の配列を正し、結びの文を書かせる

教材は「科学と人生」（中谷宇吉郎）にある「科学的なものの見方・考え方」（昭和四十二年版　光村図書　中等新国

語二）の「考えの進め方」である。全体が十段落で構成されているが、十段落めを空白にして、他の段落をバラバラにして組み変え、それを正しく配列させ、まとめを書かせた例である。

生徒たちは、段悪の配列を正して文脈が通るように作業することになるが、文脈自体が「考えの進め方」の順序になっているので、思考の筋道をつくることになる。つまり、作業自体が思考力を促し、同時に知的論理の運び方を理解させることになるわけである。

九段落の配列が終わると、「考えの進め方」はどのようにするのかをまとめる形で、十段落めの「結びの文」を各自に書かせるのである。次は、「考えの進め方」の九段落までの書き出し文と十段落めの「結びの文」である。

①　科学的なものの考え方は、感情を離れるというのが第一歩であるが、それだけではもちろんだめである。
②　まず第一に必要なことは、ものをよく見ることである。
③　自然科学の教科書などに書いてあることは、所により場合によって、いろいろ変わっていることがらの中から、共通した要素を引き抜いて、一般の性質について説明してある。
④　考えを進めるには、疑問を持つことが第一歩である。
⑤　問題は、「はてな」と感じたときに、それだけに終わらせるかどうかという点にある。
⑥　土を掘り起こしているうちにスコップが妙に重くなったら、草を一つかみちぎって、スコップにこびりついている土をこすり取ってみる。
⑦　この、疑問とする点についてなにかちょっとやってみるということが、実験である。
⑧　なにか疑問が起きたら、それを実験でためしてみる。
⑨　ここでたいせつなことは、「ああそうだったか」と思うことと、続いて、「それでは」と考えることである。
⑩　疑問を持つこと、考えてみること、実験をしてみること、自分が納得すること、次の疑問を出すこと――こ

の順序で進むことが、科学的な考えを進めることなのである。こういうやり方は、科学の研究者にとってたいせつな心得であるばかりでなく、どういう職業についている人にも役にたつことである。

生徒たち各自が知的操作を行い、十段落めの空白に書いたまとめの文の例は、次のようである。

例一　考えの進め方には、一定の筋道があるということである。よく見て、疑問を持ち、実験をして、「ああそうだったか」と納得すると、次には、「それでは」と考えることである。こういう考え方は、科学を専門にしていなくても、日常生活の中で応用できることがあるはずである。

例二　科学的なものの考え方とは、疑問、考え、実験、納得、考えの順序で考える考え方のことである。こうした考えの進め方は、ものごとを正しく理解したり、自然の法則を発見したりする上で、欠くことのできない方法である。

このように十段落めを書かせた後、本文の十段落めの文を示して、考えの進め方を理解させるわけである。

(2)　事例を並べ変え、意味を考えさせる

教材は「現代の敬語」（宮地裕・昭和五十五年版　光村図書　国語三）で、文の意味を、事例を並べ変えて考えさせた技術の例である。

（文）　昔に比べると現代の敬語は簡明になってきている。昔は階級が厳しく決まっていて、上の階級の者に対しては、下の者はどんな立場にあっても、どんな場面においても、きちんと敬語を使わなければならなかった。

A　（事例の順序）

①　「行幸・行啓」　　昔の敬語

②「敬白・頓首・机下・みもとに」
③「ございます」調、「あそばせ言葉」
④「です・ます」調　→現代の敬語

B（事例の順序）
①「です・ます」調
②「ございます」調、「あそばせ言葉」　昔の敬語
③「敬白・頓首・机下・みもとに」　→現代の敬語
④「行幸・行啓」

もし、AがBのような順序になっているとすると、昔より現代の方が階級が厳しく決まっているということになる。

ここでは、事例の順序を逆にすることによって、そこからどんなことが言えるかを問い、言葉の変遷から社会状況の変化を読み取らせようとしたものである。

こうした順序の逆転は、吉野弘の詩「奈々子」の中の連「自分があるとき／他人があり／世界がある。」が「世界があるとき／他人があり／自分がある。」ではないということを示すことによって、一層「お父さんが／お前にあげたいものは／健康と／自分を愛する心だ。」という意味が伝わってくるというように、知的な好奇心の喚起から深い意味の理解へ導くことにもなる。

3　なぜの問いを生徒に促す技術

国語の学習が嫌い、わからないという生徒の声が多い。これは、好きになりたい、わかりたいという願望の裏返しの表現でもある。もし教師の発問が生徒の知的興味を制約しているとすれば、なぜ（どうして）という疑問の言葉を教師の側から生徒の側に手渡していくことである。つまり、生徒の「問題発見の能力」を重視し、生徒が思考し、探求し、発見することによって、自ら納得していく学習の筋道を創っていくことである。

(1)　段落及び章ごとに問題文を作らせる

「何か質問はないか。」と問いかけて、質問が出てくることは皆無に近い。しかし、文章を読ませて、一人一問（「理解力」と「言語事項」に関する問題）を作成させて、班やグループ学習を進めていくのである。

教材「自然と人間」（加藤陸奥雄・昭和五十八年版　光村図書　国語三）の第一章で生徒が挙げた問題文を紹介すると、

○「自然」と「人間」という語が何回出てくるか。

○生物的自然の世界とは。

○人間と、他の生物との違いは。

勿論、生徒の問題を吟味し、何を読み出していくかの指導を加えなくては、学習に深まりは出てこない。

(2)　全文を読んで、クイズをつくらせる

クイズといえば、知的な遊戯にすぎないが、読み手の内容理解を迫ることにもなる。ただし、文章の読み方ではなく、読まれ方、つまり、読み取りの結果を対象とすることになるので、単に語句的なものにとどまらないようにさせる必要がある。なお、クイズから発展して、学習課題へ結びつけていく配慮があると生徒の好奇心を向学心へ向かわせることができる。

教材「川と人間」（伊藤和明・昭和五十八年版　光村図書　国語一）の場合の例でいえば、

〈クイズ〉全文がいくつの章から出来ているか。
〈学習課題〉それぞれの章は、主として事実について説明したものか、主として筆者の意見を述べたものか考えてみよう。

この場合も、生徒の知的好奇心を奮い立たせるには、どこをとり立てていけばよいかの教師の知的好奇心が何よりも不可欠である。

三　おわりに

生徒の知的好奇心は、教師の知的好奇心に裏打ちされた指導技術によって触発され、内発的動機となって学習の深化へ自らを導いていくことになる。

もともと指導技術といわれるものが「変えること」にあるかぎり、教師の生徒への願望が反映する。それは、教師の、知的好奇心をかりたてる創造性のある授業技術によってのみ、生徒に伝わっていくといってもよい。したがって、

○板書の文字は、少なくし、書いたものは消さない。
○教師の人生体験を加えて、言葉の受け取り方を語る。
○一見無関係だと思われる事例と文章の論理性や内容とがどうかかわるか（等価変換できるか）を問いかける。
○教育機器（ＶＴＲ・スライド等）を使ったり、学習プリントをイラスト風にしたりして知的興味を起こす等々。

いわゆる授業技術は、困難を切り拓く授業の必然として誕生してくる。

3　生きぬく力をつける学習活動

一　子どもとって魅力ある学習活動とは

国語の教室が活力あるものになるには、子どもの発言を絵の具にして教師の絵を描いていく授業からいかに抜け出るかにかかっている。しかし、厳密には国語の授業はいかなる学習活動をしくもうと学習になり力がつくものだという考えもある。だからといって、教師の身勝手な都合主義で内容の志向性のない学習活動を助長することを許すことはできない。

聞いて、覚えて、吐き出す知識偏重の学習指導を脱しないかぎり、「表現」「理解」「言語事項」の統合化はおろか、生活の中に生きぬくことばの力がつかないままに終わるだろう。要は、子どもが生活に目を向けて能力をつけていく学習活動の創意ある設計こそ肝要である。

子どもにとって魅力ある学習活動とは、一人一人が主体になって、創造的に活動できる活動である。

とりわけ一年生の子どもは行動的活動的であるだけに、からだを通して演じたり、語ったり、他者とのかかわり合いの中でたのしみをつくったり、日常の言語生活を生きた形で教室に取り込んだりするというような学習活動が望まれる。

そうした活動の中で、どのようにことばを使い、受け止めたらいいのか言語能力をつけることで、集団や社会の一員としていかなる事実や現象に立ち向かってもことばを通して生きぬく力をつけたいと考えている。

以下の学習活動のそれぞれは、「表現」「理解」領域と「言語事項」の各指導事項がどのように有機的に具体化できるか、学習活動を組織する上での指針を私なりに実践的に示したものである。

二　学習活動の実践的指針

1　演じる学習活動

子どもたちをいかに主体的な学習活動者にするか、そのポイントをからだを使って演じ、語る（作品の劇化と影絵劇脚本づくり）活動に焦点をあてて考えてみた。

確かに劇は総合芸術だといわれるだけ、さまざまな能力が問われ、国語科だけで背負うことのできない内容をふくめている。いわゆる劇教材の学習ならいざしらず、「理解」の学習を「表現」に結びつけた劇化による言語的身体的表現活動になるとことばを越えたしぐさの指導も入ってくる。もちろん指導者としての国語教師の素養は必要である。さらに、舞台演劇ならずとも影絵劇になると、舞台づくり・人形づくり・音響・照明・その他人形の背景になる小道具の製作などがあり、国語科の領域を越えてしまう。

しかし、新しい教育の方向を示すものとして「人間性豊かな児童生徒を育てること」を具体化するうえからも、また「ゆとりのあるしかも充実した学校生活」を実現していくことからも、さらに、真に「国民として必要とされる基礎的・基本的な内容を重視」し、「児童生徒の個性や能力に応じた教育」を実践的に推し進めて行くうえからも、年間カリキュラムの中にいくつかの教科が連携し、一つの教材をそれぞれの教科からアプローチして子どもに生きぬく力をつけていく学習活動が展開されてよいはずである。このことは、新教育課程が示している「ゆとりの時間」をどう活用するかも含めて今後考えていかなければならない課題だといえる。

こうした教育課程全体のあり方を問いながら、昭和五十三年九月から新教育課程完全実施に入っている中で、国語科（創作劇）、美術科（舞台・人形づくりと照明小道具づくり）音楽科（劇に合わせた選曲・作曲）の三教科が影絵劇の創出という形でカリキュラムの中に組み込み、文化祭で発表するという計画のもと、教科間における総合学習を展開した。

国語科の指導では影絵劇の創出という方向性を持ちながら、作品の劇化と創作のための読解や読書指導を組み込み、創作劇へと発展させていった。このように、影絵劇というような教科間の総合的学習を設定することで、国語科の中における文学作品の劇化や創作劇は「表現」「理解」の領域と「言語事項」を総括的総合的に習得させる学習活動となる。

以下、作品の劇化と影絵劇脚本づくりに向けてねらった言語能力と学習活動を述べることにする。

(1) 作品の劇化

対象作品（昭和五十三年版 光村図書 国語一に掲載）は「ひばりの子」（庄野潤三）と「少年の日の思い出」（ヘルマン・ヘッセ）で、「理解」の領域の「ウ 語句の意味を文脈の中で正しくとらえること」「カ 情景や人間の心情の描かれているところを読み味わうこと」「キ 場面、経過、論理の展開などに注意して読むこと」「ク 朗読を通して文章の内容や表現を味わうこと」などの能力と関連づけるため、「表現」領域の「カ 物事の様子や場面、経過などが分かるように具体的に書き表すこと」「キ 表記の仕方に注意し、くぎり符号などを適切に使って書くこと」「ク 書いた文章を読み返し、表記や表現を確かめて文章をよりよくすること」「ケ 音声、言葉づかい、速度などに注意して話したり朗読したりすること」を生かすことにした。「言語事項」は「イ 文の中の意味の切れ目と続き方に注意し、文の組立て、文の成分の順序や照応、文末表現などを考えること」と関連づけることにした。

したがって、学習活動はいずれも作品の主題とかかわりをもつと考えられる場面を劇化する。そして、朗読し、演ずるという形をとった。次にそれぞれの場面の例を示すと

①「ひばりの子」の場面

正三「(勇気を出して)あれは、ぼくのひばりだ。」
少年「なに、おまえのひばりだと。」
正三「そうだ。あれは、ぼくが飼っているひばりの子だ。乱暴なことはしないでくれたまえ。」
少年「(驚いて相手の顔をみてあきれたように)おまえのひばりだと。」
正三「(断固として)うん。あれは、ぼくのひばりなんだ。」
　正三、ゆっくりと芝生の方を見て、ひばりが無事に麦畑に帰ったことを確かめ、さっさと家の方へ引き返す。
少年「ちえっ、でたらめ言ってやがる。」(といって自分のきた方向へ歩いていく。)

この学習は、ト書きをどのように書くかということが作品の理解とかかわってくる。たとえば、「正三は今にもくるりと後ろを向いて走りだしたかったが、やっとがんばって、そこに突っ立った。」というのを、(勇気を出して)という理解で表現したことからもいえる。(がんばって)(思い切って)(逃げようとする心を打ち負かせて)などと表現した例もあった。

②「少年の日の思い出」の場合

　ピーターは、エーミールの家の前に立つ。

ピーター「(おそるおそる)エーミールは?」

　女中がエーミールを四階に呼びに行く。

エーミール「何の用だい今ごろ、やままゆ蛾を見にきたのか。(おこったように)ひどいことがあったもんだ。だれかがやままゆ蛾をだいなしにしてしまったんだ。悪いやつがやったのか、ねこがやったのか分からない。ほんとう

にひどい話だ。」
ピーター「（暗い顔をして）そのちょうを見せてくれ。」
二人、上のエーミールの部屋へ上がっていく。部屋に着くとエーミールはローソクをつける。ぼわーっと明るくなる。だいなしになったちょうが展翅板の上に載っている。ピーターしばらく無言でそのちょうをじっと見ている。そして、エーミールの方を向き、
ピーター「（悲しみにうたれた顔で）実は、それはぼくがやったのだ。本当にいけないことだが、つい、しかしこれには……。」
エーミール「（ちえっと舌をならし、しばらくじっとピーターを見つめる）そうか、そうか、つまり君はそんなやつなんだな。」
ピーター「（一歩近づいてたのむように）ごめんよ、許してくれ。ぼくのおもちゃをみんなやる。だから、許してくれ……。」
それでも、エーミールは冷淡に構え、依然ぼくをただ軽蔑的に見つめている。
ピーター「（必死の思いで）ぼくのちょうを全部やるよ。だから、だから、許してくれ。この前のこむらさきちょうも入っている。だから……。」
エーミール「（冷たく、軽蔑のまなざしをして）結構だよ。ぼくは、君の集めたやつはもう知っている。そのうえ、今日また、君がちょうをどんなに取り扱っているか、ということを見ることができたさ。」
この学習は、エーミールのせりふに対応するぼく（この劇化の場合は仮名ピーター）のせりふと、それぞれのせりふに合うト書きをつけること、さらに、この場面を劇中の場面となるようにト書きにすることを活動のポイントとした。
とりわけ「理解」との関連からいうと、「エーミールがそれをつくろうために努力した跡が認められた。こわれた羽は丹念に広げられ、ぬれた吸い取り紙の上に置かれてあった。しかし、それは直すよしもなかった。触角もや

はりなくなっていた。そこで、それはぼくがやったのだ、と言い、詳しく話し、説明しようと試みた。」をどのようなト書きにし、ぼくのせりふをつけるかである。

多くは、ぼくの目に見えたように「こわれた羽は……触角もやはりなくなっている。」と書いていたが、中には「ああ、エーミールになんといえばいいのだろう。吸い取り紙の上にはばらばらになった羽が広げられているな。いっしょうけんめい直そうとしたんだな。……ああ、やっぱり触角はないな……。」というように独白にしたものも出て、作品の理解をいっそう深めることができた。中には、例文のように「だいなしになったちょう」ということばで切って「黙って」とか「まゆをひそめて」「まじまじと」ということばで、ぼくの心中を説明し、「ぼくがやったのだ。」というせりふに（静かにすべてが終わったように）とか（青ざめた顔で）（思い切ったように）（おびえた声で）（声をほそめて）というようにぼくの気持ちを表現することで「詳しく話して説明しようと試みた。」の理解を表現していた。

ところで、①の場合も②の場合も、班で推薦作品を決め、劇として演じさせ、その活動を通して「理解」のあり方を問わせ、各自推敲させることでことばの力をつけた。

(2)　影絵劇脚本づくり

これは作品の劇化の発展として、「表現」の「ア　身近な生活から話題や題材を求め、表現しようとする事柄について考えをまとめること」「イ　自分の考えを確かにして、主題や要旨がはっきり分かるように表現すること」「エ　主題や要旨に沿って構想を立て、必要な材料を整え、組立てと段落を考えて全体をまとめること」「オ　表現しようとする事柄や気持ちをよく表す語句を選んで用いること」と「理解」の「イ　話や文章に表れているものの見方や考え方をとらえること」「エ　文章を読み通し、表現に即して主題や要旨をとらえること」「オ　文章全体の組立てや筋道をとらえること」とに関連づけて、「言語事項」の「ア　文章の中の意味の切れ目と続き方に注意し、文章の組立て……文と文との接続関係などを考えること」「カ　話言葉と書き言葉、共通語と方言、音声と文字、表記の仕方などについて理解し、また、敬語の使い方を身につけること」を総合化した活動として脚本づくりを設定する。

したがって、影絵劇を演じるまでに次のような学習活動を組織することにした。

①　「ファンタジーの文法」によるお話づくり

(i)　もし……なら、どうなるだろう？

「ひとりの男が目覚めてみると、自分が醜い虫けらに変わっていたとすれば、どうなるだろう？」

この質問に、フランツ・カフカは、その小説「変身」の中で彼なりに答えた。

「もし、北九州市が空を飛びはじめたら、どうなるだろう？」

(ii)　ファンタジーの二項式

単独のことばが《行動する》のは、第二のことば、つまり第一のことばを刺激し、習慣の路線からはみ出させ、新しい意味づけの許容量を発見するようにしむけることばと出会うときだけである。たとえば、「電燈」と「靴」ということばを突き合わせてお話をつくるのである。

(iii)　ひっくり返しのおとぎ話

・赤ずきんは、いじわるで、狼はしんせつでした。……

・親指小僧は、かわいそうな両親をおきざりにして、ふたりの兄さんと家を逃げ出そうと思いました。……

・シンデレラはあまりよい子ではありませんでした。辛抱強い継母をがっかりさせ、やさしいお姉さんたちから、フィアンセを取り上げてしまいました。……

・白雪姫は、うっそうと生いしげった暗い森の中で、七人の小人ではなく、七人の大男に出会いました。

(iv)　再話

シンデレラは継母や義姉たちといっしょに暮している。彼女たちはシンデレラだけを家に残して舞踏会に行く。けれども、魔女たちがやってきたため、シンデレラも舞踏会へ行くようになる。王子が彼女に恋をする。

AはBの家に住んでいる。AとBの関係は、同居しているCおよびBとの関係とは異なる。BとCとDがある行事Fの行われているEという場所に行っている間、Aはひとりで家にどとまる。だがGの介入によって、AもEへ行く。そこで、AはHに対して並々ならぬ影響を与える。

(i)は、豊かな発想を生かし口頭で話す。(ii)は、国語辞典の中から好きな単語を十個見つけさせ、他の人のものと結びつけさせる。十組の中で気に入ったものを手がかりに話をつくる。

(iii)と(iv)は、図書館で民話や童話の読書学習をして話をつくる。

こうしたお話づくりの学習をしたのち、創作劇のための参考作品を読む

② 「彦市ばなし」(木下順二)を読み劇の構成をつかむ

登場人物(紹介)、前書き、幕と場(ストーリーの展開)、せりふ(方言と共通語)、ト書き(人物の出入り、動作・態度・表情・情景)、ヤマ場と主題などを問題にする。

③ ファンタジーのお話を手がかりに脚本をつくる

次は、長崎の民話「園田氏の先祖」に出てくる「主人」を「小僧」にして構想を立て脚本にした第一幕の例である。

ある家の小僧

第一幕

ある年この地方に嵐が来て、川棚川がはんらんしていたときのことです。川の底に住んでいたかっぱの子供が、上流に住んでいた怪物にさらわれてしまいました。かっぱの父親はすぐに橋の下に住んでいる小僧さんをたずねます。
かっぱ「(ドンドン、戸をたたきながら) おねげえだ。おねげえだ。助けてくんろ。」
小僧「(小屋から出てきて) どげんしたとね。かっぱどん。さあ、落ち着いて。」
かっぱ「(小僧の肩を持って) た、た、助けてくんろ。おらの子が、怪物にさ、さ、さらわれよった。ああ、どげんしょ。どげんしょ。(あわあわしている)」
小僧「(驚く) なに!……う、う、うごとざい。う、う、うごとざい。そいでぼうずは、だいじょうぶね。」
かっぱ「そ、そ、そいが、あの大きか鯨ば明日の朝までにとってこんと、ぼうずを一口に食ってしまうと、おどすとお。(なきかける)」
小僧「(しばらく考えこむ) ……よっしゃ、おらあ、一ぺんだけ、怪物をばたおしたいと思とったけん、一ちょうやっけてやろうか。」
かっぱ「(驚く) いや、それはいけねえことだ。もし、ぼうずが食われたら、どうしょもなかけん。それだけはやめてくんろォー。(少し泣きながら)」
小僧「でも鯨ばここには一ぴきも来たことのなかとよ。どげんすっと。」
かっぱ「(また驚いて泣きすがる) そげんことは、いわんどって。おらァ、こわくなってきたよ。」
小僧「しっかりせんね。おらが、怪物どんとあって、話ばしてやっけん。」

こうした脚本を書いたものを班ごとに回し読みをさせ、指導事項に合った表現の診断をさせることによって推敲させる。そののち、影絵劇として演ずる脚本を各班(この場合は十二名の班とした。)一点を選ばせ、班員に行き渡るように印刷をさせ、読み合わさせる。この段階で美術科ではその脚本に合った人形づくりを開始、音楽科では脚本の上演に当たって必要な選曲と作曲指導を加える。各教科でそこまでくると、練習は「ゆとりの時間」を活用し、文化祭で公演するという学習活動を展開する。

これを通していえることは、演じることの中で、「表現」と「理解」と「言語事項」とが有機的具体的にからみ合い、対立・反発・共感を混じえながら子どもたちが生きぬく力の一端を身につけていったことである。

2　たのしみをつくる学習活動

子どもに主体的学習活動をさせながら、基礎的な能力をつけ、人間として生きる力を養う活動の手だてとして、「言語事項」の「ウ　語句の組立て、単語の類別・活用」「エ　語句の意味と用法」「オ　語彙を豊かにすること」と「表現」領域の「ウ　必要な事柄を選び、要点を明らかにして表現すること」「ケ　音声、言葉づかい、速度などに注意して話したり朗読したりすること」と「理解」領域の「ウ　語句の意味を文脈の中で正しくとらえること」とを関連づけて、次のような活動を考えた。

(1)　国語辞典を使った活動

・限られた時間にある部首の熟語とその意味をできるだけ早くさがす。その中で一番好きなことばを理由をつけて発表する。

・適当に辞典を引いて自分の気に入った単語を五個以上見つけ、それらをうまく結びつけて文をつくる。

(2)　漢和辞典を使った活動

・班ごとに二字熟語、四字熟語のしりとりをする。

・漢字の音ばかりを使って俳句、短文をつくる。

(3)　国語の教科書を使った活動

・あるページに同じ漢字が何回出てくるか、また、同じ品詞のことばが何回でてくるか、漢字とかなの割合はどう

か、文の長さはどうかなどを調べて、文章の特徴を発表する
・どこでもよい。誰かが朗読をして読み間違えたら、次の人が読むということを続ける。
・誰かが教科書のページを言い、そのページに出てくる語句を使い文学的な短文をつくる。
・どこでもよい。二～三分教科書を見たのち、限られた時間で漢字速書き競争をする。

(4) 言語生活に関する活動

・五W一H(だれが〈who〉いつ〈when〉どこで〈where〉何を〈what〉なぜ〈why〉どう〈how〉)にもとづいて投書新聞をつくる。
・「いろは歌」を学び、江戸かるた、上方かるたを調べ、手づくりのかるたをつくる。
・手紙の形式・用語を調べ、その季節の季語を使って俳句を作り、それを季節の挨拶のことばとして、小学校の先生に中学校生活の近況を知らせる。
・あひる―水かき―池――というように関連あることばをいくつ並べられるか、並べたのち、そのものを説明する文を書く。
・五七五七七の短歌の各句をグループごとにつくり、それをうまく組み合わせて作品にする。
・授業中の先生のことばの中で一番印象に残ったものを集めて標語をつくる。

三　生きぬく力をつける指導

言葉を自分のものとして機能するようにする。それは子どもを主体とした指導から生まれる。そこで対立・反発・共感をおこし、困難や不正に負けない力をつけることである。

IX

自ら学ぶ力を育てる——評価

1　形成的評価（テスト）の活用〈同一問題の個別的な学習〉

一　個に応じた言語事項の指導のポイント

言語の教育としての国語科教育が担っている最も基礎的な事項は、語句・語彙の指導だと言ってもよい。その指導のねらいは、その量を豊富にすることにある。そのためには、そのもつ意味を的確に理解する力をつけることであり、かつ理解した語彙・語句を正しく豊かな表現に向けて行使する力をつけることである。

言語を通して人間形成を図ることは、実は確かな語彙・語句の力をつけることでもある。それは個人差をなくす方向で、文脈の中で確かに意味を把握させ、加えて反義・類義などの語の性質を習得させながら、表現へと導いていくことである。

以下、その指導のポイントを挙げる。

(1)　類推したり、調べたり、使ったりすることによって理解力や表現力に生きるようにする。

(2)　いつ、どのように指導するかを明確にして学習活動を仕組む。

①　いつ（指導計画・指導過程の問題）

○一単元の指導計画における指導

○一単位時間における指導

○理解学習・表現学習・または関連学習における指導

○練習学習としての取り立て指導

②　どのように

○文脈の中で類推させる。
○国語辞典、漢和辞典を利用させる。
○短文をつくったり、短文の（　）の中に当てはめたりさせる。
○語源をさぐらせる。
○類義語を集めて類推させる。
○反対語を通して類推させる。
○いろいろな語例を通して類推させたり、連想させたりする。
○分析したり、解説したりさせる。

③　個・グループに対する配慮

○テスト問題を複数準備し、コースをつくる。
○グループ全員が達成するように同一問題を多く印刷する。

④　留意点・創意工夫

○達成度評価（達成・おおむね達成・達成不十分）をする。
○教科書に出てくる語句、語彙を中心にして発展的に学習を広める。

二　授業の実際

「少年の日の想い出」（ヘルマン・ヘッセ　高橋健二訳・昭和六十二年版　光村図書　国語一）における言語事項（語句の意味・用法、慣用句の意味、類義語、反対語、敬語）のテストの活用による指導。

1　教材　「少年の日の想い出」（ヘルマン・ヘッセ　高橋健二訳）

2　指導の目標

(1) 言語事項のテスト指導を通して、情景や登場人物の性格、心情の読みを確かにさせる。

(2) テストを工夫することによって、語句・語彙の意味や用法を豊富に獲得させる。

(3) テストを通して、語句・語彙の意味や用法を考えた表現ができるようにさせる。

3　指導計画

第1次　通読して、感想を書き、問題意識を持ったところを出し合う。

第2次　再読し、問題意識を中心に、場面割りをし、漢字・語句の学習をする。

第3次　場面①（客は、夕方の散歩から）を読み味わう。

第4次　場面②（僕は、八つか九つのとき）場面③（僕の両親は）を読み味わう。

第5次　場面④（二年たって）場面⑤（すると、エーミールは）を読み味わう。

第6次　教師の読みを聞き、私の客に対する返事を書き、主題を考え合う。

第7次　主題を書き、学習のまとめをする。

4　評価テストを使った語句・語彙

計画場面	語句の意味・用法	慣用句の意味	類義語	反対語	敬語
1・2次 ①〜⑤	新出漢字や語句の読み				
3次 ①	○色あせる ○よみがえる ○思い出をそそる（そそられる） ○熱情（情熱） ○収集家	○目にかける	○少年（子供、幼い、幼年）	○かなた↔こなた ○やみ↔ひかり	○お目に—（目に）
4次 ②③	○遊戯のとりこ ○むさぼる ◎宝物（宝） ◎宝石 ◎嘆賞する	○心を打ちこむ ◎非の打ちどころがない（という悪徳） ○身にしむ	○欲望（欲求・欲心） ◎欠陥（欠点・弱点・短所・難点）	○悪徳↔美徳 ○欠点↔美点	
5次 ④⑤	○激する	○息も（が）つまる ○思いもよらない ◎根ほり葉ほり	○丹念に（念入りに、入念に） ○冷然と（平気で、平然と）	◎冷淡↔親切 ○悪漢↔好漢	◎申し出る（申す）—（おっしゃる）
6・7次 ①〜⑤	学習のまとめのテスト				

5 評価テストの事例（◎印のみ記述する。）

(1) 語句の意味・用法の場合

事例1 「嘆賞する」

○ 文脈の中で類推させ、意味から表現へ

① 次の傍線の語の意味を文脈から判断して書け。

（少年は）あらゆる点で模範少年だった。そのため、僕はねたみ、嘆賞しながら彼をにくんでいた。

（解答例）

・ほめたたえる。　・とても及ばない。
・すばらしい。　・うらやましい。

（補説テスト）

② 「嘆賞」のそれぞれの漢字の訓読みを書け。

・嘆く（なげく）
・賞める（ほめる）

③ 「嘆く」の意味は、文脈のうえからどれか。

ア　悲しくて泣く。　イ　ため息をつく。
ウ　痛切にこい願う。

④ 「賞める」の意味は、文脈の上からどれか。

ア　よく言う。　イ　祝う。　ウ　すぐれている。

⑤　「嘆賞する」の意味が正しく使われているのはどれか。
ア　これは世間から嘆賞されている食物です。
イ　多くの人が彼女の生き生きした姿と動きを嘆賞した。
ウ　彼は友達の悪口をいうのを嘆賞した。
⑥　ここまで十分理解できなかった生徒には「嘆賞」（感心してほめる）の反対語として「冷笑」（あざわらう）があることを補説する。

事例2　「宝物（宝）・宝石」

○　文脈の中で類推させたのち、国語辞典で確かめさせ、表現へ
①　次の傍線の語の意味の違いが登場人物の性格や心情をどう表しているか、書け。
(i)（ボール紙の）箱のつぶれたふちの間に、僕は、自分の宝物（宝）をしまっていた。
(ii)　彼（エーミール）の収集は小さく貧弱だったが、こぎれいなのと、手入れの正確な点で、一つの宝石のようなものになっていた。
（解答例）
(i)　自分にとって大事なもので、秘密にしたいもの。人にはわかってもらえないという思いをもった、きずつきやすい性格。
(ii)　美しいがピーンとはりつめて冷ややか、入れ物もすばらしい。頭がよくて人あたりが冷たく、内向的な性格。
②　国語辞典でいう意味は文脈上で、それぞれどうか。（各人国語辞典を引かせる。）
(i)　「宝物」（宝）

・宝とするもの。

・貴重なもの、特に大切な尊い品。比喩的にかけがえのない人（もの）。

(ii)「宝石」

・産出量が少なく硬質で美しいために、装飾用などに珍重される鉱物。

③ 国語辞典を引いて、よりはっきりしたことはどんなことか。（グループで話し合わせた解答例）

(i) 見かけの値うちではなく、自分にとって貴重で、大切で、かけがえのないもの、それを自分の手でしまっている。あたたかく人の好い性格。

(ii) 見かけのねうちで、美しいが親しめない。石のように堅くて、神経質で冷たい性格。

④ ここまで十分理解できなかった生徒には次の文の（　）に当てはまるのは「宝物（宝）」か「宝石」かを考えて入れさせる。

・星は、満天にちりばめられた（　　）。

・親にとって子どもは（　　）。

(2) 慣用句の意味の場合

事例3　「非の打ちどころがない（という悪徳）」

○ いろいろな語例を通して類推させ、解釈へ

① 次の語群の中で、「非の打ちどころがない」の「非」の意味に最も近いのは、どれか。

非力　　非常　　非運　　非難

② 「非の打ちどころがない」は「非の打ちようがない」ともいう。どんなとき使うか。

ア　人が正しくないことをしているとき。
イ　うまくことが運ばないとき。
ウ　人を悪いといい立てるとき。
エ　物事が完全であるとき。

③　ここまで十分理解できなかった生徒には「是非」（ぜひ）という言葉で、「是」は（道理にかなっている。正しい。）「非」は（よくない。正しくない。）という意味を補説して、次の（　）の中に「是」か「非」の語を入れさせる。

・（　）なるときはよろこび、（　）なるときはうらみず。
・（　）をあばく。

○　**事例4**　「根ほり葉ほり」

「根ほり葉ほり」とは、どういう意味として使うかを解説させ、他の例の表現へ

①　「母が根ほり葉ほり聞こうとしない」とは、どういう意味か、書け。

（解答例）
・言いたくないことまで細かく聞かない。
・あれやこれやしつこく聞かない。
・「それから」「それはどうして」など追求しない。

②　「根に持つ」「根も葉もない」「根を下ろす」「根を切る」「根をはやす」のそれぞれは、どんなとき使うか、ノートに書かせたのちグループで話し合わせ、発表させる。

（解答例）

・「根に持つ」………一度の失敗を彼はいつまでも根に持って声もかけてくれない。
・「根も葉もない」…何もしないのに人々から根も葉もないうわさを立てられた。
・「根を下ろす」……彼の仕事ぶりはこの土地に根を下ろした。
・「根を切る」………いじめの根を切らないかぎり学校はよくならない。
・「根をはやす」……彼の美的才能は学校で根をはやし始めた。

(3)　類義語の場合

○　文脈から類義語を類推させ、意味を確かにさせる

①　次の傍線の語と同じ意味と思われる語を思いつくだけ書け。
(彼は)もっともな欠陥を発見した。僕は、その欠点をたいしたものとは考えなかった。

(解答例)
・「欠陥」…難点、弱点、あら、欠点、不十分な点、完全でないこと。
・「欠点」…短所、欠陥、よくない点、何か足りないところ。

②　「欠陥」「欠点」は同義語である。大きな違いは、グループごと辞典を使って調べさせ、発表させる。
・「欠陥」…全体に大きな影響を及ぼすような欠点。不備なところ。「短所」「欠点」よりも具体的に指すことが多く、より重大な欠点を言う場合が多い。
・「欠点」…改めたり補ったりしないと十分とは言えないところ。他から非難されるところ。

③　類義語の類推が十分できない生徒は、類義語辞典を使わせる。

○ (4) 反対語の場合
文脈から反対語を類推させ、語句の意味を確かにさせる
① 次の傍線の反対語と思われる言葉をいくつか書け。
僕は、彼に、僕のおもちゃをみんなやる、と言った。それでも、彼は冷淡に構え、……。

(解答例)
・温和、柔和、穏健、明朗、同情
② 「冷淡」の反対語は、どれか。
ア　温順　イ　淡泊　ウ　親切　エ　平安
③ 反対語の「親切」から考えて、「冷淡」の意味をどう解釈できるか、書け。
(解答例)
・僕のおもちゃをみんなやるという言葉で僕が一生懸命つぐないをしようとしている心がわかってくれると思ったのに、それでも、彼は、同情や親切の心なく冷たく構えていること。
④ 十分理解できない生徒には「冷淡」を「冷たく、淡い」と訓読して意味をとらえやすいように補説する。

○ (5) 敬語の場合
人間の待遇関係を想定して、敬語表現をわからせる
① 次の傍線の語の対等語と尊敬語、並びに常体表現を書け。
どれかを埋め合わせにより抜いてもらうように申し出るのです。
・「申す」(謙譲語)…「言う」(対等表現)「おっしゃる」(尊敬語)

・「です」（丁寧語）…「だ」（常体表現）

② 「食べる」「する」の謙譲語、尊敬語を書け。

・「食べる」…「いただく」（謙譲語）「めしあがる」（尊敬語）

・「する」…「いたす」（謙譲語）「なさる」（尊敬語）

三　学習のまとめのテスト

① 「お目にかけようか」の「目」の意味のように「同一語」の多様な使い分けや慣用語、類義語を使った作文をさせる。

② 易↓難の組み合せを考えた問題をたくさん印刷し、全員定着するまでつづける。

2　鑑賞の評価法
――生の実体としての享受の診断――

一　鑑賞・評価の基底

「……しまった。という表現に、筆者のどんな心情が表れているかね。」

「うん。すばらしいところに気づいたな。」

「今までの考えとはちがった考えをもっている人はいないかな。」

「どうしてそんな読みとり方ができたのかね。」

「ここのところは、ぼくもそう考えるのだがどうかね。」

「〇〇君、今の考えを聞いてどう思う。」

「これは、〇〇と比較した場合、どういうところが違うかな。」

「これを自分の気持ちをこめて朗読してごらん。」

「もっと調べたり、読みつづけたりしたいところはないかね。」

「ありがとう。先生も気づかなかった。すばらしいところに気づいたね。」

国語教室の中における教師のことばのいくつかだが、こうしたことばがそのまま生徒の国語に対する興味・関心、ひいては作品の解釈鑑賞のあり方、作品や人間評価の目を育てる基底になっているということである。つまり、教師の話し方が話し方を教え、教師が生徒の発言をどう聞くかが、聞き方を教えているように、教師がそのことばや作品をどう解釈鑑賞して評価しているかということが、生徒にそのことばや作品の享受の仕方や評価の仕方を教えていることになるのである。

現在、国語教室の中における教師のことばの発展的、系統的整理と実践的研究が、十分なされているとはいえないが、教師が生徒に「うなずき」「表情を伝え」「あいづちをうつ」ことによって、生徒の鑑賞の態度や評価の目が育ってきていることを忘れてはなるまい。したがって、教師は生徒から学び、生徒の要求から出発する教育内容と教育技術の創造的な準備のもと、新しい認識のたえざる再生産をはかる構えがなければならないことになる。

二　鑑賞と文学作品

鑑賞という行為が成り立つのは、多くは芸術作品に対してで、国語科では文学作品がその対象となる。ところで、鑑賞という、ものを味わい、理解するという情意的な認識行為はいったいどんな作用をいうのであろうか。たとえば、絵画をみるときは、それを凝視して沈思する。音楽をきくときは、ときには身体的な反応を示しながらきき浸っていく。そうした行為を鑑賞の情意的な認識行為の様相だと考えるならば、文学作品に読み浸っていること自体鑑賞行為だということになる。そう考えるならば、読解できないと鑑賞できない、あるいは、読解ののちに鑑賞が成り立つというふうには、一概に規定できない。まさに鑑賞行為は、種々の内面化のレベルを含みもっていることになりそうだ。

今、読解過程における鑑賞行為を考えるならば、作中人物の生き方や考え方に心をふるわせ、感じ、涙し、共感し、反発し、同化し異化しながら、それが人間の生きざまであるという問いを己に向けながらの作品享受もあり、あるいはまた、幾度も読解を積み重ねながら、その作品の中に自分がどれだけ生きぬけたか、その作品が今の自分の生き方や考え方にどうかかわったか、作品を自分のものとして体読する、生の実体としての享受もあるなど、様々なレベルが考えられる。

問題は、そうした鑑賞行為にいかなる評価の目を持ち込みうるか、しかも、それが鑑賞行為をいっそう覚醒させ、開発することになるかである。

三　鑑賞と評価

鑑賞行為に種々の内面化のレベルがあるということは、それだけさまざまな様相を持った個人差があるということである。

では、そうした鑑賞行為ははたして評価できるものであろうか。文学作品の鑑賞は、国語の教師にとっては、ぬきさしならぬ学習目標であるが、それを評価することに対する抵抗はもちろんある。

①鑑賞とは、情意的な内面化の認識行為で、作品を享受し、作品を味わうところにはたらくもので、最も個性的で外からはかりがたいものである。

②鑑賞に立ち入っても生活体験や読書体験によってもその相や層は違うし、それを評価することになると、最も個人的なものを侵害することになる。

こうした心情があるだけに評価に立ち入ることの困難さと抵抗を覚えるわけだが、はたしてその必要性はないものなのだろうか、また、まったく不可能なものなのだろうか。

一つは、現在のように教育現場のあり方が認知的能力をつける、つまり、知識偏重に走れば走るほど、文学鑑賞はもちろん、それを通して情意を開発する鑑賞指導のもっている役割は大きいし、それを効果あるものにするための評価は、当然意味があるし、その必要性もあると考えなければならない。

ただし、この評価は、認知的能力の評価とは違って成績をつけることを目的とするのではなく、生徒たちがある目標にどれだけ達したかの到達点を示すことによる診断で、生徒一人一人にフィードバックさせることによって、いっそう生の実体としての作品の享受を深めさせるものでなければならないであろう。

二つは、作品を鑑賞していることを示す証拠として認めることのできる生徒の様相から評価の可能性を考えることができまいか。

まず、文学作品の読解鑑賞の授業中における生徒の表情である。生き生きとした表情。まなこの輝きといってもよい。これは最も直観的で、科学性を欠いているようだが、どれだけその作品にくっついて鑑賞享受しているか、直観的であっても主観を排することによって評価が可能な一つになりはしないか。

つぎに、作品の朗読である。これは単なる音読ではなく、自分なりの気持ちをこめて読むという活動だけに、その作品の鑑賞のあり方を示すものとして、比較的妥当性のある評価ができるのではあるまいか。特に詩作品の場合などは、他の作品とその作品のテーマや感じがどう違うのか鑑賞のあり方が、朗読を通して表出される度合いが比較的高いといえるだろう。

さらに、文学作品とその鑑賞文とのつき合わせ、また、それが鑑賞力とは直接結びつくとは考えられないが、作品の味わいとして鑑賞文を書かせることも評価可能な方法の一つだとはいえまいか。

しかし、この場合は作文力ともかかわるので、より困難を窮めるということを覚悟しておかなければならないだろう。

以上、だいたい三つの評価領域があり、それによって評価が可能ではないかと考えたが、いわばこれらは鑑賞の評価は達成するかもしれないが、ブルームがいう、鑑賞の本来的意味での「現象を経験するときの能動的な喜びといったような複雑な情動的な色合いを帯びた行動」を診断し、鑑賞行為を育てる評価にはならないのではないだろうか。労多くして効少なく、ひいては生徒の情動を圧殺して、国語教室の中で鑑賞行為を認知的な対象と化し、生徒たちは知的には学習に参加していても、情的には裏切った鑑賞学習になり下がり、国語教室からのがれたところで、読書好きの生徒だけが鑑賞行為に浸るという結果を作ってしまうのではないだろうか。

そうなれば、鑑賞の必要性がかえってあだとなり、良薬を毒薬に変える結果になって、鑑賞行為における作品を通して、人間の生き方や考え方の享受をはかることさえもおぼつかない生徒をつくる。ひいては、彼らを知識偏重主義の教育の渦中に突き落としていく教育の加担者に、教師自らが落ちこんでいく結果となる。つまり、自ら排したものに自ら陥っていくはめとなるのである。

しかるに、前述の鑑賞評価の方法として、評価の可能性は予測できても、その基準がどこにあるのかさえわからないものだということを考えずに、評価の手段になりうると考えたところに問題があったのではないか。

しかし、そうはいっても、生徒の表情や朗読の仕方や鑑賞文の内容は確かに評価の対象になっている。まぎれもなくそういう目を持って評価していることも事実である。問題は、たとえ評価が不可能であっても、長年の教師の勘と経験によって、その教師の価値観に基づいて、最終的にはそれに左右された評価をしている現実があるということである。

そこで、もともと鑑賞という、情意的な認識行為そのものに、内面化のレベルが考えられるかぎり、生徒たちが作品を鑑賞していることを示す証拠として認めることのできる言語行動を、評価目標として選定し、それに基づいて評価レベルを設定したらどうだろうか。つまり、生徒の中の情意的構成物をどのような言語行動から推論できるかを割り出し、その言語行動そのものを目標として、その目標到達に対する診断をもって鑑賞の評価法とする考え方である。

四　鑑賞の評価法

およそ評価法を設定することは、鑑賞ということばを明確に規定することでもある。それだけにその概念を形成するにあたって、ブルームがいうように「目標が明確に表されなければならない。」し、「目標を操作的なものにして内面化のレベルが示されなければならない。」ということになる。

今、目標の明確化のために、生徒たちが鑑賞している言語行動を挙げ、内容化のレベルを示すと、

1　読みの過程から終結における行動

(1)読み出したら最後まで読みたくなる。

(2)読みながら先を予想したくなる。

(3)何度も読みかえしたくなる。

(4)読み終わるとじっと考えこみたくなる。

2　読みから伝達における行動

(1)人にすすめたり、紹介したくなる。

(2)人に読み聞かせたくなる。

(3)自分の感じを入れて朗読したくなる。

(4)自分の生き方とのかかわり合いにおいて伝えたくなる。

3　読みの印象をとめる行動

(1)好きなところを書き写したくなる。
(2)全部、または、一部を暗誦したくなる。
(3)好きなところを自分の作品に引用したくなる。
(4)生き方や考え方の上で評価したくなる。

4　読みの発展としての行動

(1)作者の他の作品が読みたくなる。
(2)同じ傾向の作品が読みたくなる。
(3)作者にかかわる伝記や年譜、評論などを読みたくなる。
(4)作家論や作品論を読みたくなる。

5　読みから創作への行動

(1)批判を入れて、鑑賞文を書きたくなる。
(2)劇化したり、他の表現に変えたり、紹介文を書いたりしたくなる。
(3)作家論、作品論が書きたくなる。
(4)その作品を契機にして、自分の生き方や考え方を表す作品が書きたくなる。

以上、評価目標と考えられる生徒の言語行動とそのレベルらしきものを順序をつけて配列した。しかし、これはあくまでも作品を生の実体としてどの程度享受しているかの診断評価にすぎない。したがって、これを起点として生徒自身が自分自身に問いかけ、より深いより広い情意的な認識行為への探索におもむき、作品を味到し、自己の生をより高い、より豊かなものへ志向する視座としてくれれば、鑑賞の評価が大きく文学教育を推進する力となることは否めないだろう。

後書き

国語科教育は国語教育が前提にある。

国語教育は、子育てであり、躾であり、人間形成であり、文化の伝承であり、地域造りであり、日本人の育成である。それを計画的系統的に教育するのが国語科教育の「言語の教育」である。その思いは一貫して今も私のうちにある。

私たちは、言葉の世界に生まれ、言葉で意味付けられ、意味を解し、言葉を獲得し、育ち、自立して、言葉に生き、ひいては言葉の世界から離れて死んでいく現実を考えると、「真実に存在するものはなく、すべては言葉にすぎない。」の感が湧く。

「言葉は言葉以外の何物でもない。」

「言葉が教育する。」

「日本語が日本人を育てる。」

「存在は言葉の結果である。」

「人間は言語的存在である。」

こうした言語認識のもと、公教育の国語科教育を通して、国語（日本語）による個人の主体性の確立と真の日本人の育成を図ること、そうすることで、文化的・平和的な国家を形成していくことだというのが私の国語教育観である。

「言語認識と国語教育観の確立」は、自分自身の人格形成に向けた問い続けるテーマであり、かつ、「言語（言葉）と人間」「言語（言葉）と教育」を主軸とした国語科教育のあるべき姿を求め続ける私の歩みそのものなのである。

最後に、出版に当たって、溪水社の代表取締役木村逸司氏には特段の御配慮を賜り、また、当社の寺山静香さんには編集校正の一切に亘って懇切丁寧な対応を賜り、かつ行き届いたお世話をいただき、ここに国語科教育実践像の一冊のいのちが誕生できたことを衷心より感謝申し上げる。

次は、本書のために、修正加筆した初出実践論稿の一覧である。

対話――国語の学習を学習する――（「月刊実践国語教育情報」昭和五十九年四月号　教育出版センター　昭和五十九年四月一日発行）

音読・朗読で話し言葉のリズムとイメージと論理を磨く（「教育科学国語教育」No.496　明治図書　平成六年九月一日発行）

「聞く」態度と能力を育てる――中学生の「聞くこと」に関する意識調査から――（「月刊国語教育研究」平成二年六月号　日本国語教育学会編　平成二年六月十五日発行）

言語事項――語のはたらきに関すること（「中学校国語科指導細案三年」明治図書　昭和五十六年四月初版刊）

意味を文脈の中で正しくとらえる（報道・記録）（「中学校国語科指導細案　読解・読書指導法一年」明治図書　昭和四十九年四月初版刊）

説明文教材の読みの学習反応のとらえ方――「1たす1は2にならない」（一年）――（「教育科学国語教育」No.314　明治図書　昭和五十八年二月一日発行）

生活記録教材の指導研究「うつ」の経験（「最新中学校国語科指導法講座　説明、記録・報告、報道の指導」明治図書　昭和

五十八年初版刊）

読解学習の場を生かす課題と発問と作業（「教育科学国語教育」No.197　明治図書　昭和四十九年十一月発行）

見えないものの世界にふれる授業――授業改善の方向を探る――（「月刊国語教育」三月号　東京法令出版　昭和六十一年二月二十五日発行）

授業展開のくふう「問いを生み、問いを残す文学教育」（「月刊国語教育」六月号　東京法令出版　昭和六十年五月二十五日発行）

「少年の日の思い出」の授業の「まとめ」方の工夫（「教育科学国語教育」No.341　明治図書　昭和五十九年十二月一日発行）

悲しみから憤りへの体験――戦争文学「川とノリオ」の場合――（「福岡教育大学国語国文学会誌」20　昭和五十三年十二月発行）

「問い」を軸に理解と表現を関連づけた文学教育――武田泰淳の「信念」を中心に――（「月刊実践国語教育情報」九月号　教育出版センター　昭和六十年八月十五日発行）

「夕鶴」木下順二（光村）の授業（「国語科学習状況の評価を生かした指導事例三年」明治図書　昭和五十七年九月初版刊）

現実を見るモデルとしての「坊っちゃん」との出会い（「月刊国語教育」十一月号　東京法令出版　昭和五十七年十月二十五日発行）

『サーカスの馬』を読む――「団長の親方」の意味を求めて――（「福岡教育大学国語国文学会誌」19　昭和五十二年十二月発行）

作家を読むしるべ（「福岡教育大学国語国文学会誌」14　昭和四十六年十二月発行）

古典教材における子どもの学習反応・感想（「楽しくわからせる古典の指導」明治図書　昭和五十九年一月二十九日発行）

徒然草――知識人を裁く兼好の筆――（「愛語」七号　発行愛語の会　福岡教育大学附属小倉中学校国語科研究室内　昭和四十七年一月）

枕草子――「いと」を読む「をかし」の文学（「愛語」13　昭和四十七年十一月）

おくのほそ道――テーマを探る――（「愛語」12　昭和四十七年十月）
詩にあらわれた中学校一年生の心模様――一つの発想指導と作品――（「福岡教育大学国語国文学会誌」18　昭和五十年十一月発行）
認識力を育てる作文教育（「月刊国語教育研究」第69集　日本国語教育学会発行　昭和五十三年二月十五日発行）
作文に表れた「ケンカの諸相」――中学校一年生の場合――（「げんかい会報」第9・10号　北九州国語教育研究会会報No.69　北九州国語教育研究会　昭和五十年十一月二十二日発行）
文のつなぎ――「接続詞」の使用状況――をさぐる（「福岡教育大学国語国文学会誌」21　昭和五十四年十二月発行）
問題解決の見通しを持たせる板書（「教育科学国語教育」No.433　明治図書　平成二年十月一日発行）
知的好奇心と授業技術の工夫（「教育科学国語教育」No.364　明治図書　昭和六十一年六月一日発行）
生きぬく力をつける学習活動（「教育科学国語教育」No.258　明治図書　教育情報センター編　昭和五十四年二月十五日発行）
形成的評価（テスト）の活用〈同一問題の個別的な学習〉（「個に応じた国語科の授業展開」明治図書　昭和六十二年九月初版刊）
鑑賞の評価法――生の実体としての享受の診断――（「指導と評価」昭和五十年九月号　日本教育評価研究会　昭和五十年九月一日発行）

平成十七（二〇〇五）年十二月二十日

加留部　謹一

著者紹介　加留部謹一（かるべきんいち）
昭和12（1937）年７月16日生まれ
福岡学芸（教育）大学中学課程国語科卒業
著書・共著『認識力を育てる作文教育』（昭和50年　明治図書・共著）
『生徒がつくる計画活動の展開』（昭和54年　明治図書・共著）
『記録・報告文のわかる教え方』（昭和57年　明治図書・著書）
『中学校におけるティーム・ティーチングの考え方・進め方』（平成６年
黎明書房・共著）
略歴　福岡県公立中学校教諭
福岡教育大学附属小倉中学校教官
福岡県教育庁北九州教育事務所指導主事
福岡県教育庁義務教育課指導主事
福岡県教育センター経営研究室室長
福岡県公立小・中学校校長
役職等　全国大学国語教育学会員・日本国語教育学会員
福岡県学校図書館協議会会長・参与を経て顧問
全国ＳＬＡ学校図書館活動推進委員会委員・西部地区代表
福岡「子どもの読書」関連団体連絡協議会代表
住所　〒823－0003
福岡県鞍手郡宮田町大字本城1215番地
平成18（2006）年２月11日より
福岡県宮若市本城1215番地

中学校国語科教育の実践像

平成18年１月19日　発行

著　者　加留部　謹　一

発行所　株式会社　溪　水　社
広島市中区小町１－４（〒730－0041）
電　話（082）246－7909
ＦＡＸ（082）246－7876
ＵＲＬ http://www.keisui.co.jp/

ISBN4－87440－897－4　C3081